L'Affiche rouge

DU MÊME AUTEUR

L'Enfant juif et l'enfant ukrainien — réflexions sur un blasphème, L'Aube, 2001.

Un livre rouge, Seuil, 2002.

Ces étoiles qui brûlent en moi, Le Félin, 2003.

Jours tranquilles à Créteil — voyage au bout d'une haine ordinaire, Ramsay, 2004.

Le Chirac se cachera-t-il pour mourir ?, Ramsay, 2005.

Là où vont les cigognes, Ramsay, 2007.

Le cadavre était trop grand — Guy Môquet piétiné par le conformisme de gauche, Denoël, 2008.

Benoît Rayski

L'Affiche rouge

NOUVELLE ÉDITION, REVUE ET AUGMENTÉE

DENOËL

Ouvrage publié sous la direction
d'Alexandra Laignel-Lavastine

La première édition de cet ouvrage a paru aux Éditions du Félin en 2004.

À mon père

« De ces terroristes, le chef a été le Juif Abraham Rayski. »

ROBERT FAURISSON

PRÉFACE À LA NOUVELLE ÉDITION

Ce livre a été publié une première fois en 2004 pour le soixantième anniversaire de l'exécution, par les nazis, de combattants Francs-tireurs et partisans-Main-d'œuvre immigrée (FTP-MOI), l'organisation militaire du Parti communiste pour les étrangers, rendus célèbres par l'Affiche rouge. J'ai trouvé à l'écrire, à vivre avec eux dans les quartiers où ils avaient grandi et à déambuler au milieu des tombes qui portent leur nom, un bonheur que je pourrais définir par le mot « passion ». Aujourd'hui, alors que sort sur les écrans le film de Robert Guédiguian *L'Armée du crime*, qui fera à coup sûr événement, je réalise que cinq ans ont passé. L'occasion de remplir quelques-uns des blancs qui parsèment ce récit.

Ces blancs concernent mon père, mort il y a peu. De son vivant, jamais je n'aurais osé écrire sur lui de crainte qu'il ne m'imagine tirant profit de sa jeunesse héroïque et communiste. Dans ce texte, j'y fais parfois allusion, bien sûr, ainsi qu'à ma mère (peut-être arriverai-je à en parler un jour?). Pour savoir qui il était, je renvoie à la citation de Robert Faurisson, en épigraphe de cette nouvelle édition: «De ces terroristes, le chef a été le Juif Abraham Rayski.» Je reprends cet hommage très involontaire d'un antisémite notoire, car pour des raisons que je tenterai d'expliquer, j'ai encore du mal à le formuler moi-même.

Quand j'étais petit, en effet, j'avais mes parents, mon père et ma mère. Ils étaient vivants. Pourquoi n'avaient-ils pas été fusillés, décapités ou torturés à mort comme tant d'autres? Dans le milieu où je vivais, ces morts-là relevaient du quotidien des destins juifs. Et moi, pourquoi n'avais-je pas été gazé comme des centaines de milliers d'autres enfants? Cela aussi faisait partie des destins juifs de ces années-là. À quelques reprises, il m'était arrivé de visiter avec mes parents des orphelinats de l'Union des Juifs pour la résistance et l'entraide (UJRE), que présidait mon père. Là, des gamins et des gamines de mon âge me regardaient, les yeux écarquillés, comme si j'étais un extraterrestre. Ils avaient tous perdu leurs parents dans les camps de la mort. Or, moi, j'avais les miens. J'étais donc pour eux — c'est ainsi que je le ressentais — un privilégié, un riche, un bourgeois en quelque sorte, rouge certes, mais bourgeois quand même.

Cette gêne ne m'a jamais quitté. D'où la difficulté de consacrer à mon père les pages qui devraient légitimement lui revenir ici. Je dois à mon père une enfance merveilleuse où les noms — étrangers — des fusillés de l'Affiche rouge se mêlaient à ceux, très français, d'autres martyrs communistes : Danielle Casanova, Gabriel Péri, Jean-Pierre Timbaud et, avant tout, le plus jeune et le plus pathétique, Guy Môquet. Je dois à mon père d'avoir connu ce que voulaient dire les mots *courage* et *dignité.* Je lui dois d'avoir aimé la beauté adolescente du communisme avant de comprendre que cette utopie avait tourné au cauchemar, broyant pour toujours des dizaines de millions d'êtres humains, y compris les femmes et les hommes qui lui étaient le plus dévoués. Je dois à mon père d'être juif tel que je le suis et de me souvenir d'un monde que j'aime encore passionnément, qui portait avec tendresse et fierté un drapeau de couleur rouge. Je pense ce que dit la chanson de Barbara : « Mourir pour mourir / Je choisis l'âge tendre / Et partir pour partir / Je ne veux pas attendre. » Mais je hais la vieillesse quand elle sombre dans un naufrage honteux. C'est pourquoi je n'éprouve que du mépris pour les « altermondialistes » ou « révolutionnaires » qui, bien qu'atteints par la limite d'âge, se déguisent en rouge pour aller faire le trottoir dans les banlieues de l'islam.

Pour les mêmes raisons — ma mémoire personnelle —, je ne supporte pas les analphabètes prétendument instruits qui ont traîné le cadavre de Guy Môquet, jeune héros communiste fusillé à Châteaubriant le 22 octobre 1941, dans les cours de nos établissements scolaires en le couvrant de quolibets et de crachats au prétexte qu'il avait été contaminé par un contact avec un certain Nicolas Sarkozy. Parmi les reproches formulés par une partie du corps enseignant qui répugnait à célébrer sa mémoire, un m'avait particulièrement dégoûté : Guy Môquet était français, pas étranger, pas immigré, pas arabe, pas noir… Ce qui constituait à coup sûr un scandale, ou pour le moins une provocation aux yeux des cohortes gonflées de leur suffisance dont le rapport à la France ne peut que s'épanouir entre les murs étroits de la « diversité ».

Pour écarter ce cadavre encombrant qui ne pouvait que faire hurler dans les ZEP où l'on chante « nous la différence on a grandi dedans / Avec ou sans la France on ira de l'avant », quoi de mieux que ce *Vade retro, Satanas* : donnez-nous plutôt les héros de l'Affiche rouge ! Mais oui, on l'a réclamé et scandé avec force sur le ton insistant d'un catéchisme bêlant… On veut de l'Affiche rouge ! On veut des immigrés, des étrangers, des noms imprononçables, Grzywacz, Fingercweig, Wajsbrot ! Oui, on veut ceux-là plutôt que Guy Môquet ! Nos élèves issus de la « diversité », de la « différence » et donc de l'immigration vont adorer[1] !

J'ai rarement été aussi écœuré. Car ici, le mensonge prenait des dimensions himalayesques. Et la bassesse des sentiments qu'il révélait donnait tout son sens à l'expression « profondeurs abyssales ». Il n'y a rien de pire à mes yeux que de vider les mots de leur substance originelle pour la remplacer par un breuvage pompé dans les égouts de la pensée. Or, il était impossible, tant ils étaient nombreux

1. Benoît Rayski, *Le cadavre était trop grand — Guy Môquet piétiné par le conformisme de gauche*, Denoël, 2008.

et bruyants, de ne pas entendre le chœur des imbéciles. Les héros de l'Affiche rouge étaient qualifiés de « terroristes » par les nazis ? Aussitôt, on s'est précipité pour les rapprocher des terroristes islamistes ! Non, on ne dira surtout pas que les combattants de l'Affiche rouge étaient de la lignée des nihilistes russes glorifiés par Camus, qui préféraient mourir plutôt que de jeter leurs bombes sur le carrosse du grand-duc de Russie car sa femme et ses enfants se trouvaient avec lui...

Ils étaient résistants. Et bien sûr on n'hésitera pas à évoquer, dans la même veine ignominieuse, les « résistants » irakiens ou afghans. Et on ne dira surtout pas que ces résistants-là, ceux de l'Affiche rouge, auraient bondi d'horreur à l'idée d'être enrégimentés dans la famille des égorgeurs islamistes spécialisés dans le découpage de têtes au couteau. Ils étaient immigrés et étrangers. Donc pas français, donc eux aussi, en quelque sorte, issus de la « diversité ». Là, il ne s'agit même plus d'un mensonge, mais d'une imposture révoltante. Évidemment qu'ils étaient français, français comme plus personne n'ose l'être aujourd'hui. Ils aimaient la France, la langue française (dans les familles juives d'où ils venaient pour la plupart, on leur faisait un devoir, précisément parce qu'ils étaient d'ailleurs, d'être les premiers dans cette matière à l'école), ils aimaient le drapeau tricolore avec un penchant évidemment prononcé pour le rouge. Et puis ils étaient juifs, très juifs. Ils allaient à la *schule* pour apprendre le yiddish et, dans leur identité, les mots « Juif », « Français », « communiste » (je ne suis pas sûr de l'ordre, c'était peut-être « communiste », « Français », « Juif ») formaient un puzzle d'une fabuleuse générosité.

J'ai tenté de rendre justice, dans ce livre, à ceux de l'Affiche rouge, au monde d'où ils étaient issus, un monde juif, ouvrier et rouge, aux quartiers populaires, de vrais quartiers populaires, où l'on ne brûlait ni les voitures ni les écoles, où l'on ne se frappait pas à coup de barre de fer et où l'on ne violait pas les filles parce qu'elles avaient l'outrecuidance de porter une jupe.

Mon Affiche rouge — enfin, celle de mon père et par amour aussi un peu la mienne — parle d'un pays disparu qui s'appelait la France, un pays qu'on m'a appris à tant aimer. Et puisque je suis revenu si longtemps en arrière, j'aimerais terminer par quelques slogans qui, avec d'autres mots, résonnent un peu comme ceux de mon enfance :

Gloire aux héros de l'Affiche rouge !

Gloire à mon père !

Gloire à ma mère, combattante anonyme !

Gloire à Guy Môquet !

Gloire à Boria Lerner, fusillé le 1er octobre 1943 au mont Valérien !

Gloire à Baruch Lerner, son petit-fils, assassiné à Jérusalem le 9 mars 2002 par un islamiste !

Gloire au peuple juif de Pologne !

Et bien sûr, *Gloire au peuple juif d'Israël !*

Je sais que cela ne peut plus se crier, voire se dire. Mais peut-être est-il encore possible de l'écrire.

AVANT-PROPOS

Dans le firmament étoilé où scintillent par milliers les noms des résistants assassinés par les nazis pendant l'Occupation, ceux des vingt-trois de l'Affiche rouge brillent d'un éclat particulier.

C'est la France reconnaissante, le Parti communiste, avec un lourd et sanglant tribut payé à la lutte antiallemande, et aussi les gaullistes, qui firent connaître les noms de Jean Moulin, de Gabriel Péri, de Pierre Brossolette, d'Honoré d'Estienne d'Orves, de Jean-Pierre Timbaud et de Guy Môquet. Mais ce sont les nazis qui orchestrèrent eux-mêmes la notoriété et la gloire des vingt-trois en placardant sur les murs de France des milliers d'exemplaires d'une affiche rouge où apparaissaient leurs visages torturés, marqués selon la propagande de l'époque du « sceau d'Israël » et supposés symboliser une repoussante « armée du crime ». Ils furent tous exécutés il y a soixante-cinq ans : vingt-deux hommes fusillés le 21 février 1944 au mont Valérien, une femme, Olga Bancic, décapitée le 10 mai de la même année à Stuttgart. Tous faisaient partie des FTP-MOI, l'organisation militaire du PC pour les étrangers. Presque tous étaient juifs.

Si leur mort passa dans la légende, c'est bien sûr à cause de l'Affiche couleur sang, et aussi parce qu'Aragon, après Éluard, en fit un poème[1]. C'est bien sûr parce que Léo Ferré le mit en musique et le chanta pour nous tous. Mais c'est avant tout parce que la plupart des combattants FTP-MOI étaient juifs, juifs polonais, juifs roumains, juifs hongrois, ce qui les qualifiait pour être les héros rêvés de tous ceux qui voulaient que la révolution fût sans frontière ni patrie. En effet, il fut un temps en France — après 1968 — où une grande partie de la jeunesse, par romantisme et par idéal, n'eut d'autre envie que de s'identifier à eux tout en se persuadant, pour que leur tragédie fût encore plus pathétique, qu'ils avaient été trahis ou abandonnés. Une dévorante passion amoureuse, comme en témoignent plutôt bien ces lignes qui figurent dans *Voir les jardins de Babylone* de Geneviève Brisac : « Nous parlons sans cesse de la résistance, les visages des combattants de la MOI ornent nos murs, nos pères ce sont les chefs de guerre communistes et notre peine, la vengeance que nous couvons, touche à la manière dont ils ont été trahis. »

De surcroît ces héros étaient tous jeunes, très jeunes.

1. Aragon, « Strophes pour se souvenir », *Le Roman inachevé* (1956) *in Œuvres poétiques complètes*, vol. 2, Gallimard, Bibliothèque de la Pléiade, 2007, et Paul Éluard, « Légion », *Hommages* (1950) *in Œuvres complètes*, vol. 2, Gallimard, Bibliothèque de la Pléiade, 1968.

Marcel Rayman n'a pas encore vingt et un ans quand il est fusillé au mont Valérien. Thomas Elek en a dix-neuf comme Wolf Wajsbrot. Lejb Goldberg en a vingt... André Engros et Henri Tuchklaper, qui furent exécutés avant eux avec un « vieux » de vingt-huit ans, Boria Lerner (par qui commence ce livre), avaient dix-sept ans. Le même âge que le lycéen David Grinberg guillotiné par Vichy. Des enfants, comme l'écrira Fernand Zalkinov dans sa dernière lettre : « Nous sommes des enfants les uns et les autres. Nous n'avons jamais prétendu être des héros [...]. Nous avons demandé comme dernière grâce de mourir ensemble. »

Certains de ces noms ne font pas partie de la liste des vingt-trois. Mais c'est pareil. Ils étaient tous leurs compagnons de combat, des copains de quartier parfois, et appartenaient presque tous aux FTP-MOI. Nombre d'entre eux furent fusillés avant le 21 février 1944, d'autres après. Ils sont tous frères. Reste que l'Affiche rouge n'en distingua que quelques-uns. Rien que pendant l'année 1943, la police française, tout entière mobilisée pour la traque des « terroristes », arrêta à Paris environ deux cents militants des FTP-MOI ou des Jeunesses communistes juives. Et c'est dans ce lot que les nazis opérèrent un « prélèvement » chirurgical : vingt-trois combattants destinés à être jugés pour l'exemple et sous les caméras, tandis que les autres étaient voués à mourir dans l'anonymat. Cela pour dire que rien, absolument rien ne différencie les martyrs de l'Affiche rouge de tous ces fusillés dans l'ombre. Ils venaient du même monde bouleversant de chaleur, de générosité et de courage : le petit peuple des quartiers juifs de Paris. Et ils en étaient la chair de la chair. Ce monde englouti est présent, autant que possible, sur de nombreuses pages de ce livre car nul ne peut comprendre la beauté d'une plante s'il ne sait de quelle terre elle a jailli…

De ce livre, bien sûr, je ne suis pas absent. Mon implication personnelle dépasse la mesure de l'empathie que l'on concède habituellement au chroniqueur. Autant prévenir le lecteur. Ce texte a été écrit d'une certaine façon et avec une certaine passion parce que je me vis comme résolument de gauche, que je m'efforce, contre toute raison, de croire, comme quelqu'un que j'ai rencontré, qu'il y a un dieu là-haut (pas celui des chrétiens, des musulmans ou des Juifs) « pour que le ciel paraisse plus beau » : je suis plus à l'aise pour le penser en compagnie des morts qui traversent ces pages qu'avec les soi-disant révolutionnaires d'aujourd'hui qui sont aux héros de 1944 ce que Napoléon le Petit (*dixit* Victor Hugo) était à Napoléon.

Ce livre tire aussi une de ses particulières tonalités de mes origines familiales : je suis le fils de mon père qui, « terroriste » en son temps, fut le chef politique de la section juive de la MOI. Enfin, si mon livre commence par un attentat palestinien à Jérusalem et se poursuit avec l'évocation des gamins juifs du XIe arrondissement gazés à Auschwitz, c'est que je suis aussi le père de mon fils. On m'a raconté récemment que dans un collège situé dans un quartier qualifié de « sensible » d'autres enfants manifestaient leur joie de ce qui arriva sous l'Occupation aux petits Juifs du XIe en applaudissant à tout rompre quand on leur projetait *Nuit et brouillard*. Moi, j'ai un petit garçon de douze ans...

Pour mémoire, les vingt-trois

MISSAK MANOUCHIAN. Arménien. Poète. Né en 1906 à Adiyaman (Arménie turque). Chef militaire des FTP-MOI de la région parisienne. Accusé à son procès d'avoir réalisé cinquante-six « actions terroristes » provoquant cent cinquante morts et six cents blessés.

JOSEF BOCZOR. Juif hongrois. Ingénieur chimiste. Né en 1905 en Transylvanie (Hongrie). Combattant des Brigades internationales pendant la guerre d'Espagne. Chef du détachement spécialisé dans les déraillements de trains.

CELESTINO ALFONSO. Espagnol. Menuisier. Né le 1er mai 1916 à Ituero de Azaba (Espagne). Lieutenant dans l'Armée républicaine espagnole. Participe aux attentats contre le général von Schaumburg et le Dr Ritter.

MARCEL RAYMAN. Juif polonais. Ouvrier tricoteur. Né le 1er mai 1923 à Varsovie. Organise les premiers groupes des Jeunesses communistes juives dans le XIe arrondissement. En 1942 entre au 2e détachement juif FTP-MOI.

Avec Alfonso participe aux attentats contre von Schaumburg et Ritter.

SPARTACO FONTANO. Italien. Ouvrier tourneur. Né le 17 janvier 1922 à Monfalcone (Italie). Tireur d'élite. Fait à ce titre partie du trio, avec Rayman et Alfonso, qui exécutera Ritter et s'attaquera à von Schaumburg.

MICHAEL MARTINIUK (de son vrai nom Jonas Geduldig). Juif polonais. Mécanicien. Né en 1918 à Wladimir (Volhynie). À dix-neuf ans, s'engage dans les Brigades internationales en Espagne où il est grièvement blessé. Sous les ordres de Boczor, se spécialise dans les déraillements de trains.

THOMAS ELEK. Juif hongrois. Étudiant. Né en 1925 à Budapest. Le 1er juin 1943, il s'illustre en attaquant à la grenade un groupe de soixante-dix Allemands au métro Jaurès. Il est nommé ensuite chef d'un groupe de dérailleurs.

EMERIC GLASZ. Juif hongrois. Mécanicien. Né en 1902 à Budapest. Engagé volontaire dans l'armée française en 1939. Entre en 1942 aux FTP-MOI où il fait partie du 1er détachement hungaro-roumain.

WILLY SZAPIRO. Juif polonais. Ouvrier fourreur et militant syndicaliste. Né le 25 mai 1910 à Skala (Pologne). A d'abord milité en Palestine puis en Autriche. Adhère aux FTP-MOI en juillet 1943. Il est arrêté en octobre de la même année lors d'une action contre un convoi militaire.

MOYSZE FINGERCWEIG. Juif polonais. Ouvrier tapissier. Né le 25 décembre 1923 à Varsovie. Adhère en 1940 aux Jeunesses communistes. Au printemps 1942, fait partie du 2e détachement juif des FTP-MOI. Il est aussitôt versé par Manouchian dans les équipes de dérailleurs.

WOLF WAJSBROT. Juif polonais. Apprenti mécanicien. Né en 1925 à Krasznik (Pologne). Entre dans les FTP-MOI après la rafle du Vél'd'Hiv et la déportation de ses parents. Participe à l'action du 3 janvier 1943 avenue Lowendal où des dizaines d'Allemands seront tués et blessés.

ROBERT WITCHITZ. Français. Télégraphiste. Né le 5 août 1924 à Abscon (Nord). En raison de la consonance de son nom il fut présenté comme juif par la propagande nazie. Entre dans la résistance FTP-MOI en 1943.

ROGER ROUXEL. Français. Ouvrier tourneur. Né le 3 novembre 1925 à Paris. Jeune communiste, il participe à la lutte armée dans les rangs des immigrés des FTP-MOI. Il est arrêté le 11 novembre 1943 après un attentat contre un officier allemand.

GEORGES CLOAREC. Français. Ouvrier agricole. Né en 1923 à Saint-Rémy-sur-Avre (Eure-et-Loir). Comme Witchitz et Rouxel, et bien que français, il est coopté dans les détachements militaires des FTP-MOI.

STANISLAS KUBACKI. Polonais. Ouvrier mouleur. Né en 1908 à Staszyce (Pologne). Combat en Espagne dans les rangs des Brigades internationales. Dès 1941 il fait partie de l'OS (futur FTP) du Parti communiste. Il est arrêté, bien avant les autres de l'Affiche rouge, le 7 décembre 1942.

ARPEN LEVITIAN (dit Armenek Manukian). Arménien. Serrurier. Né en 1898 à Chouchi (Arménie). Arrivé en France en 1937. Longtemps clandestin, il adhère aux FTP-MOI en juin 1943. Sous les ordres de Manouchian, il participe à une attaque à la grenade contre des soldats allemands.

LEJB GOLDBERG. Juif polonais. Né le 24 février 1924 à Lodz (Pologne). Toute sa famille est déportée lors de la rafle du Vél'd'Hiv en 1942. Il s'engage alors dans le 2e détachement juif des FTP-MOI.

AMEDEO USSEGLIO. Italien. Ouvrier maçon. Né en 1911 à Maddalena-Giaveno (Italie). Antifasciste, émigre en France à l'âge de dix-neuf ans. En 1943 il entre dans la Résistance et participe aux actions militaires des FTP.

CESARE LUCCARINI. Italien. Né en 1922 à Castiglione dei Pepoli (Italie). Militant des Jeunesses communistes. Participe à la Résistance dans le Pas-de-Calais. Est envoyé dans la région parisienne début 1943 où il est mis à la disposition de Missak Manouchian.

RINO DELLA NEGRA. Italien. Ouvrier à l'usine Chausson d'Asnières. Né le 18 octobre 1923 à Vimy (Pas-de-Calais). Convoqué pour le Service du travail obligatoire (STO) en février 1943, entre dans la clandestinité. Fait partie du 4e détachement (italien) des FTP-MOI.

ANTONIO SALVADORI. Italien. Ouvrier maçon. Né en 1920 à San Gregori (Italie). Entre dans la Résistance en 1942. Il est versé dans les rangs des FTP-MOI début 1943. Participe à des attentats sous les ordres de Manouchian.

SZLAMA GRZYWACZ. Juif polonais. Ouvrier. Né en 1909 à Wolomin (Pologne). Militant communiste en

Pologne. Arrive à Paris en 1936. S'engage dans les Brigades internationales durant la guerre d'Espagne. Militant syndical clandestin, rejoint les FTP-MOI en 1942.

OLGA BANCIC. Juive roumaine. Ouvrière. Née le 10 mai 1912 à Kichinev (Moldavie). Militante syndicale, elle est emprisonnée en Roumanie. Elle arrive en 1938 à Paris. Dès l'Occupation elle s'engage dans les FTP-MOI. Elle sera condamnée à mort le 19 février 1944 comme ses vingt-deux camarades. Mais elle sera séparée d'eux pour être guillotinée le 10 mai 1944 en Allemagne.

23, Rehov Aza, Jérusalem

Le 9 mars 2002, Ismaïl Horani se leva de bonne heure. Il se lava soigneusement le corps, se rasa de près, se parfuma avec les meilleures essences, embrassa la main de sa mère et se rendit à la mosquée pour la prière du matin. Ismaïl Horani, vingt-trois ans, étudiant à l'université de Ramallah, habitait le camp de réfugiés d'El Aroub, entre Jérusalem et Hébron. Il prit la route de Jérusalem revêtu de ses plus beaux habits, sous lesquels il portait sa ceinture d'explosifs.

C'est qu'il avait rendez-vous avec le roi des rois, c'est-à-dire Dieu, c'est-à-dire, en l'occurrence, Allah. Fiancé avec la mort depuis des années, il allait enfin connaître les délices du mariage dont la cérémonie était prévue au Paradis, là où la lumière brille toujours, là où jaillissent les sources d'Ein al Kafour (au goût de camphre), Ein al Tanism (au goût de nectar et de vin non enivrant) et Ein Salsabil (au goût de gingembre) ; là où coulent des rivières d'eau, de lait, de miel, de vin ; là où les arbres ont des troncs et des branches en or ; là où les femmes sont les plus belles, avec leurs seins saillants et leurs dents régulières, toutes jeunes, et l'éclat de leur peau a la couleur du soleil, toutes pures, car au Paradis elles n'ont pas leurs règles ; là où soixante-dix d'entre elles, vierges, attendaient de s'offrir comme récompense au *shahid* (martyr) qui n'allait plus tarder…

Ismaïl Horani était un « martyr » et il savait que pour un tel rendez-vous il fallait non seulement être beau devant Allah mais aussi ne pas arriver les mains vides. Et rien n'était plus agréable à Dieu, d'après ce qu'il avait lu et entendu, que le sang de Juifs impurs. Il s'apprêtait donc à tuer des Juifs. Autant de Juifs que possible. La journée et le lieu avaient été soigneusement choisis. Le 9 mars 2002 était un samedi, jour de repos pour les Juifs : la nuit tombée, à la fin du shabbath, les cafés et les restaurants allaient se remplir car rien, aucun attentat ne pouvait décourager les Juifs de sortir ce soir-là. Le lieu où Ismaïl Horani allait, dans un flot de sang noir, au milieu des corps déchiquetés, rencontrer le prophète Mahomet, et où l'une des plus belles femmes du Paradis écarterait ses bras pour lui dire de venir à elle, s'appelait le café Moment, à une cinquantaine de mètres environ de la résidence du Premier ministre israélien à Jérusalem, dans le quartier de Rehavia, 23, Rehov (rue) Aza.

Le rendez-vous avec Allah eut lieu à 22 h 30 quand à l'entrée du café le *shahid* actionna sa ceinture d'explosifs. On releva dans les décombres douze morts et une cinquantaine de blessés. Ainsi fut célébré le « mariage » d'Ismaïl Horani dont le Hamas donna l'identité quelques heures après l'attentat, se félicitant du somptueux cadeau — *douze morts, une cinquantaine de blessés* — qu'il avait offert à Dieu pour son entrée au Paradis. Pendant que, selon les textes de l'organisation islamiste, « l'âme pure du martyr planait au-dessus du ciel de Palestine », sur la terre qu'il avait quittée pour un monde de félicités éternelles gisaient des corps abîmés, ensanglantés. La presse israélienne nota que parmi les victimes se trouvait un jeune homme de vingt-huit ans, Baruch Lerner dont, précisa-t-elle, le grand-père, également prénommé Baruch, était mort à vingt-huit ans lui aussi, fusillé par les nazis au mont Valérien en 1943.

S'intéresser à ce jeune homme, donc à un mort juif, est un exercice périlleux. Je vais m'y risquer, sachant bien qu'à celui qui cède à ce genre de compassion sont aussitôt opposés, dans une avalanche mécanique et immédiate, les morts palestiniens, les souffrances d'un peuple occupé, la douleur stoïque des mères de Palestine qui exhortent leurs fils à mourir en martyrs. Comme des pelletées de terre jetées avec une fiévreuse frénésie car il faut aller vite pour étouffer la plainte d'Isaïe, celle-là même qui figure dans ce qui reste du ghetto de Varsovie : « Ô terre, ne couvre pas mon sang, et que mon cri ne soit pas étouffé. » Et puis non, cette image est trop faible, elle ne rend pas concrètement compte de l'infatigable fureur des fossoyeurs. C'est du côté du cinéma qu'il faut se tourner pour tenter d'approcher la rage qui les anime. Dans *Que viva Mexico !*, le grand film inachevé d'Eisenstein, il y a une scène terrible où l'on voit des dizaines de *peones* révoltés qui attendent la mort. Ils sont enterrés dans un champ, enterrés debout, vivants. Seule leur tête sort de terre. Alignés en rang, des cavaliers s'apprêtent à partir au galop : ils vont passer sur ce champ de têtes, les fracasser, les faire exploser sous les sabots des chevaux, écraser les visages et les bouches qui pourraient peut-être exhaler la phrase d'Isaïe.

Voilà qui me semble plus net. Excessif sûrement. Mais comment faire autrement quand il se dit partout dans un bruit assourdissant qu'un mort est un mort, qu'il faut s'interdire de choisir parmi les victimes au prétexte que tous les hommes détiennent la même part d'humanité, qu'ils naissent tous libres et égaux, etc. Que faire sinon crier l'évidence, à savoir que tous ceux qui psalmodient ces phrases toutes faites ont, bien entendu, fait leur tri parmi les victimes… Que faire ? Eh bien dire que non, toutes les vies ne se valent pas. Tous les morts ne se ressemblent pas. Il n'y a rien de commun entre Ismaïl Horani, vingt-trois ans, et Baruch Lerner, vingt-huit ans, sauf cette rencontre fortuite où, pour satisfaire un Dieu qui avait si soif, l'un a assassiné l'autre.

Je tiens, on l'aura compris, la vie du petit-fils d'un homme jeune, père d'un bébé qui avait quelques mois quand il fut fusillé il y a soixante-cinq ans au mont Valérien, pour infiniment plus précieuse que celle de tous les *shahid* enfantés par la terre de Palestine, rendue folle par la haine. Je ne considère pas, on l'aura aussi compris, Ismaïl Horani comme mon semblable. Pas plus que je ne me sens appartenir à la même humanité que tous les experts en novlangue qui, inlassablement, répètent qu'il faut comprendre le désespoir des Palestiniens et que le terrorisme est l'arme obligée des faibles, face aux avions et aux chars. Cette psalmodie paresseuse a ceci de répugnant que, sous la grisaille des mots dont elle se paye, elle écrase aussi sûrement qu'une lourde pierre tombale anonyme l'identité des morts, leurs vies, leurs destins, la perspective historique qui dit d'où ils viennent et comment ils ont vécu. C'est donc des Lerner, fils, père, grand-père, et d'eux seuls que je vais parler. Ils sont, eux, mes semblables.

Baruch Lerner habitait avec ses parents et sa sœur dans une implantation juive qui se trouve non loin de la faculté d'Ariel, située dans ce que certains appellent la Judée-Samarie, d'autres les territoires occupés, d'autres encore la rive ouest du Jourdain, c'est-à-dire la Cisjordanie, et d'autres enfin la Palestine. Dans cette faculté il étudiait à la section orientale un aspect très particulier de la société palestinienne, puisqu'il préparait un mémoire dont l'intitulé était le suivant : « Le phénomène des *shahid* et le profil des kamikazes » ! Singulier pays, et cela en dit long sur les traumatismes des Juifs d'Israël, où ceux qui vous tuent font l'objet de thèses universitaires. J'ai procédé comme Baruch Lerner pour son mémoire. Je suis allé regarder quelques textes et, les ayant lus, je me suis senti autorisé à écrire qu'Ismaïl Horani, les siens, ceux qui pensent comme lui n'étaient pas mes semblables. J'ai trouvé un sermon du cheikh de la mosquée de Gaza, diffusé par la télévision de l'Autorité palestinienne : « Un jeune m'a dit : "J'ai quatorze ans. il me reste quatre ans à vivre avant que je ne me fasse sauter au milieu des Juifs." Je lui ai dit : "Oh, mon fils, je demande à Allah de te donner et de me donner au martyre." Le Coran est très clair là-dessus : les plus grands ennemis de la nation islamique sont les Juifs. Qu'Allah les combatte ! Toutes les armes doivent être dirigées sur eux, toutes les lances doivent être tournées vers les Juifs, vers les ennemis d'Allah, la nation maudite dans le livre d'Allah. Allah les a décrits comme des singes et des porcs, comme des adorateurs du veau, comme des idolâtres... Béni soit celui qui a mis une balle de côté pour la rentrer dans la tête d'un Juif. »

J'y ai lu des entretiens avec des mères palestiniennes de *shahid*. L'une d'elles racontait ses adieux à son fils : « Je lui ai conseillé d'être fort et courageux, de ne pas craindre les Juifs qui sont peureux, d'en éliminer le plus possible. Lorsqu'il m'a quittée, Mahmud avait un visage rayonnant comme s'il avait déjà rencontré les femmes qui lui étaient promises dans l'au-delà. » Une autre déclarait avoir demandé à Allah de lui « accorder dix Israéliens contre Mohammed. Allah a répondu à ma prière et Mohammed a pu réaliser son rêve. Quand j'ai appris la nouvelle, je me suis mise à pousser des cris de joie ; nous avons clamé notre bonheur. » Un cri de joie par Juif tué selon les bréviaires du Hamas : donc dix dans ce cas précis. La mère d'Ismaïl Horani, celui du café Moment, celui par lequel étaient morts douze Juifs, dont le petit-fils du fusillé du mont Valérien, a donc dû, si elle a respecté le rite, pousser douze cris de joie…

Il n'y eut bien sûr — transition facile, dira-t-on, mais absolument nécessaire à mes yeux pour marquer la différence entre ceux qui ont le culte des morts et ceux qui pratiquent le culte de la mort — aucun cri de ce genre au cimetière de Giv'at Shaul à Jérusalem où se déroulèrent les obsèques de Baruch Lerner. Sa mère déclara qu'elle lui avait demandé d'éviter les endroits trop fréquentés en raison des attentats et qu'il lui avait répondu : « Si nous vivons comme des rats dans des trous, cela signifiera que l'ennemi a gagné. » Puis elle entreprit de lire une lettre, violemment critique, que son fils destinait au Premier ministre Ariel Sharon et qu'il n'avait pas eu le temps d'envoyer. Baruch Lerner n'était pas de gauche. Loin s'en faut. Il n'aurait donc eu que mépris pour la manifestation pacifiste qui s'était déroulée quelques heures avant l'attentat, tout près du café Moment, devant la résidence d'Ariel Sharon. On y avait entendu des cris hostiles au Premier ministre israélien et on y avait aperçu des pancartes « Stoppons l'effusion de sang », « Sortons des territoires ». Il est d'ailleurs plausible que quelques-uns de ces manifestants soient ensuite allés se détendre au café Moment. Il est certain en revanche que le Dieu d'Ismaïl Horani n'était guère disposé à reconnaître les siens parmi les clients de l'établissement et à faire un tri, une sélection entre les Juifs.

Dans sa lettre, Baruch Lerner reprochait à Sharon de pratiquer une politique de « retenue » à l'égard des Palestiniens. « Tu nous as demandé de rester calmes : notre sang ne compte pas. » Et le mort continuait, porté par la voix de sa mère : « Lorsqu'on nous assassine, nous sommes obligés de nous taire. Il ne nous reste plus qu'à espérer que les tueurs amélioreront leurs techniques, et que pendant qu'ils nous assassineront ils nous feront écouter de la musique légère pour qu'on se calme un peu avant la mort. » Le père, Daniel Lerner, écoutait. Orphelin de son père depuis toujours et maintenant orphelin de son fils depuis deux jours. Il pouvait, d'une lettre à l'autre, se souvenir de ce qu'avait écrit son père, Baruch Lerner — Boria pour ses camarades de combat de la FTP-MOI — le 1er octobre 1943, quelques heures avant son exécution au mont Valérien. « Pas de chance comme tu vois. J'aurais voulu te voir une dernière fois, mais je me console à la pensée qu'un jour peut-être tu viendras me dire ton amour à mon tombeau. » Et un peu plus loin : « Retrouve ma femme et mon enfant. Tu as encore un grand devoir à remplir envers eux qui restent seuls. » La lettre du fusillé était adressée à son père : Boria Lerner avait encore son père, ce qui n'était pas le cas de la plupart des jeunes Juifs qui, pendant l'Occupation, se faisaient trouer la peau sur le pavé parisien après avoir vu partir leurs parents, et souvent leurs petits frères et petites sœurs, vers Auschwitz.

Un des maires adjoints du XXe arrondissement que j'étais allé voir afin de savoir comment et pourquoi une des rues de son quartier avait été baptisée du nom du groupe Manouchian, et à qui j'avais incidemment parlé de Boria Lerner, m'a dit qu'il se souvenait avoir vu dans les années 1950, quand il était commis drapier chez un fabricant de tissu, Bernard Hartman et Cie, 28, rue du Roi-de-Sicile, un employé d'un certain âge « qui portait sur son visage toute la tristesse du monde ». Il était comptable, il s'appelait Lerner et c'est son fils qui avait été fusillé au mont Valérien… Voilà une famille où, à soixante ans d'intervalle, ce sont les pères qui enterrent leur fils alors que la nature, quand elle est bienveillante, veut en général que cela soit l'inverse. Mais il m'apparaît comme une évidence que ces soixante ans d'intervalle n'existent pas vraiment, abolis qu'ils sont par la jeunesse des deux Baruch Lerner. Les mots « grand-père » et « petit-fils » ne disent rien sur le lien qui soude à jamais le fusillé du mont Valérien et l'assassiné du café Moment. Ils ont, pour l'éternité, le même âge. Ils sont contemporains l'un de l'autre. Et ils vont dorénavant cheminer ensemble, amis, copains, camarades. Comme deux jeunes hommes peuvent l'être à vingt-huit ans.

Au départ de cette longue route qui mène en Israël, il y a la Roumanie où Baruch (Boria) Lerner était né le 15 décembre 1914. Un de ses camarades de la Résistance a rédigé sa notice biographique que je vais reprendre ici sans rien en retrancher car chaque parcelle de cette vie-là m'est importante. À vingt-quatre ans, Baruch Lerner quitte clandestinement son pays pour gagner Paris afin de s'engager dans les Brigades internationales qui combattent les franquistes en Espagne. Mais nous sommes en 1938 et le recrutement des volontaires touche à sa fin, tout comme approche la fin de la République espagnole. Baruch (Boria) reste bloqué à Paris avec sa femme, Hadassa, née Tenennbaum. Fuyant l'avance allemande, ils seront tous deux internés par Vichy au camp de Rivesaltes d'où ils s'évaderont en 1941 grâce aux réseaux toulousains de la MOI qui assureront leur retour à Paris.

En 1942 naîtra Daniel, celui qu'on vient de voir au cimetière de Gi'vat Shaul de Jérusalem. Son père est affecté au deuxième détachement juif des FTP-MOI de Paris : il est de l'attaque à la grenade d'un hôtel pour officiers supérieurs allemands boulevard Raspail, il participe à la pose de bombes au ministère de la Marine, place de la Concorde... En 1943 les militants communistes juifs de Paris tombent par dizaines entre les mains de la police française, les brigades spéciales de la Préfecture de police se montrant particulièrement efficaces. Une centaine de policiers sont affectés aux filatures des « terroristes ». Consciencieux, minutieux, besogneux, ils notent les noms ou les surnoms (quand la véritable identité d'un des traqués leur est inconnue), les heures de rendez-vous, le signalement. Et voilà que sous mes yeux, au détour d'un livre qui a puisé dans les archives de la police française, apparaît le résultat de leur travail. Une feuille avec des dizaines de noms tapés à la machine, reliés par des traits longs ou courts selon la proximité ou la fréquence des rencontres relevées par les policiers. Comme une carte du ciel avec ses étoiles, ses planètes, ses galaxies.

Sauf qu'ici ce n'est ni de la Grande Ourse, ni de Vénus, ni des anneaux de Saturne qu'il s'agit mais d'hommes et de femmes dont la plupart vont mourir fusillés ou déportés. Là, au centre, légèrement sur la gauche, il y a Boria Lerner. Des traits partent de son nom. Un long trait, sans intermédiaire donc, le relie à son chef direct Meyer List, le commandant militaire du 2e détachement juif des FTP-MOI de Paris. Tout près de Meyer List, en contact direct avec lui, et rien qu'avec lui selon la filature des policiers, il y a Charles Micflikier, qui survivra et qu'on retrouvera « terroriste à la retraite » dans une émission qui fit grand bruit dans les années 1980. Des policiers français, des cloportes de bureau, que l'on imagine comme dans les films de ces années-là, le chapeau légèrement relevé sur la tête, la clope au bec, ont soigneusement tapé ces noms-là, rigolant sans doute quand il leur fallait choisir un surnom pour un militant ou une militante non identifiés. Et loin des pièces crasseuses de la Préfecture de police où ces noms furent consignés pour servir aux pelotons d'exécution, aux chambres à gaz et, parfois, quand c'est Vichy qui se chargeait de la mise à mort, à la guillotine, il y a ce ciel parsemé d'hommes et de femmes. Pourvu qu'on le regarde un peu longuement et avec ce qu'il faut d'amour, il s'anime, comme dans ces nuits où les étoiles paraissent descendre vers nous.

Une entraînante sarabande chagallienne qui parcourt

les rues du Paris de l'Occupation. André Engros et Henri Tuchklaper (tous deux avaient moins de dix-huit ans et furent exécutés avec Boria Lerner) rejoignent, pour leur donner la main, un « Blondinet » assez insolite pour un Juif, un « Lenoir », inconnus de nous et des policiers mais pas d'eux. Rachel Rosenblum emmène dans la danse « Lili », « Mouchette », « Bolivette » et « Pascalette ». Tout près d'elles Ephraïm Lipcer, que suivent « Spinoza », « Varlin », « Parmentier » et aussi Leiser Gelrud, Perla, Albert Abramovitch… Un peu plus loin Sophie Schwartz, « Pontoise », « Poussette », « Victoire », « Patinette », « Commère », « Rebecca » et Régine Grynberg… Et dans cette foule qui n'en finit pas de serpenter dans les quartiers populaires de Paris, « Petite », « Londres », « Jeanne », suivies de Tauba Gronowski, de Paulette Kwater, de « l'Archevêque » et aussi Adam Rayski, mon père, et Jeanne Rayski, ma mère.

Il faut ici revenir à la notice biographique de Boria Lerner. Il fut arrêté le 29 juin 1943. Sa femme, Hadassa Tenennbaum, tomba le lendemain avec son bébé aux mains des policiers de la brigade spéciale. L'enfant fut confié à une famille d'accueil, la mère alla rejoindre le camp de Drancy d'où elle fut déportée à Auschwitz le 31 juillet. Le procès de Boria Lerner et de ses camarades eut lieu le 20 septembre. Le 1er octobre 1943, Meyer List, Boria Lerner, Henri Tuchklaper et André Engros furent fusillés. Et je veux, l'espace d'un instant, ouvrir une parenthèse sur le dernier de ces exécutés. Si j'en savais plus, elle mériterait pour moi de ne jamais finir.

André Engros n'avait pas encore dix-sept ans quand les Allemands l'amenèrent au mont Valérien. Son frère, Marcel, vingt-cinq ans, l'avait précédé sur le lieu du supplice le 23 mai 1942. Son autre frère, Lucien, vingt-deux ans, mourut sous les balles allemandes au stand de tir de Balard, le 22 août 1942. Le père et la mère des trois frères Engros ne revinrent pas des camps de la mort. C'était ce qu'on pouvait appeler dans ces années-là une famille juive et communiste ordinaire...

Hadassa Tenennbaum, la femme de Baruch Lerner, rentra de déportation en mai 1945. Elle retrouva son bébé, le petit Daniel, et arriva avec lui en novembre 1948 dans un pays qui venait de naître et qui avait pris le nom d'Israël. Elle y avait de la famille, des pionniers de la première heure qui firent le coup de feu contre les soldats anglais représentant la puissance mandataire de ce qu'on nommait alors la Palestine, et aussi bien sûr, contre les Arabes, ce qui aujourd'hui fait très mauvais genre... Cela pourrait évidemment nous ramener à Ramallah, au camp de réfugiés d'El Aroub, à Ismaïl Horani, au cimetière de Gi'vat Shaul de Jérusalem où les tombes juives ne manquent pas. Mais pourquoi aller si loin... C'est Boria Lerner, ses camarades, ses amis que nous allons retrouver ici tout près de chez nous. Au cimetière d'Ivry. Plusieurs de leurs tombes portent une étoile de David avec en hébreu l'acronyme « Tantseva », « que vos âmes soient inscrites dans le cycle de la vie ».

Tout comme celle de Baruch Lerner, à Jérusalem.

Cimetière parisien d'Ivry, 39ᵉ division, avenue de l'Est

Les tombes parlent. Avec plus de force que les livres ou les articles de journaux. Et les plus éloquentes ne sont pas, contrairement à ce que l'on pourrait penser, celles qui sont le plus chargées en inscriptions diverses : « À notre grand-père bien aimé, ses enfants, ses petits-enfants », « Tu as été la meilleure des mères, la plus aimante des épouses », etc.

Non, les tombes les plus loquaces sont toujours les plus simples, les plus dépouillées. Il y en avait comme cela quelques dizaines au cimetière communal d'Ivry. Des croix alignées, toutes identiques, avec des noms gravés dans les mêmes caractères : il s'agissait de fusillés et l'administration qui avait la charge des sépultures veillait naturellement à ce qu'aucune différence ne les séparât. Je pensais trouver là Boria Lerner. Pourquoi là, dans ce petit cimetière dominé par des hautes barres de HLM plus abîmées par le temps que ne l'étaient les tombes ? Tout simplement le hasard qui faisait que ce cimetière est très proche du fort d'Ivry et que, je crois, le mot « fort » m'était synonyme de fossé et donc d'exécution. Mais Boria Lerner n'était pas là.

J'ai quand même noté quelques noms. Celui de Claude Le Guiader, parce qu'il n'avait que seize ans. « Fusillé par la Gestapo le 19.08.1944 », disait une petite plaque assez ancienne, apposée sur la pierre tombale par sa mère. « Fusillé le 10.08.1944 par les nazis », corrigeait le panneau officiel accroché à la croix. Puis Émile Georges Blin, vingt-deux ans, « fusillé par les nazis le 24.03.1944 ». Et à côté d'eux, le seul de ce groupe à être ici, un des vingt-trois du procès Manouchian, l'Espagnol Celestino Alfonso, fusillé à vingt-sept ans avec ses camarades le 21 février 1944. Lieutenant dans l'armée républicaine, il avait participé à la guerre d'Espagne, puis, après la défaite, gagné la France. Un des premiers, il s'était engagé dans les FTP-MOI de la région parisienne : c'est lui qui fut chargé avec l'Italien Fontano et le Juif polonais Rayman des attentats contre deux personnalités allemandes, le général von Schaumburg et le Dr Ritter.

Presque en face de lui, dans une autre rangée, figurait le nom d'Émile Bastard. Une plaque très ancienne, délavée par le temps, et portant le sigle de la faucille et du marteau, lui rendait ainsi hommage : « À notre camarade assassiné par Vichy. La cellule Émile Bastard du PCF du Kremlin-Bicêtre. » Mais sur la petite croix, tout comme pour Claude Le Guiader, le fusillé de seize ans, l'administration avait corrigé. Sauf que cette correction prenait un sens très particulier puisque la référence à Vichy avait disparu pour laisser la place à « Émile Bastard, quarante-quatre ans, décapité par les nazis le 21.08.1941 ». Les nazis ne décapitaient pas en France ! La guillotine qui avait tranché la tête de ce militant communiste était tout ce qu'il y avait de plus français. Ce fut un des épisodes les plus ignominieux du régime de Vichy, qui en collectionna beaucoup. À l'origine, l'attentat du 21 avril 1941 au métro Barbès, le premier attentat individuel de l'Occupation, quand l'aspirant de Marine Alfons Moser était tombé sous les balles d'un groupe de jeunes communistes.

Les Allemands sous le choc exigèrent des représailles demandant à Vichy six exécutions immédiates, faute de quoi ils se chargeraient de fusiller cinquante otages. Les autorités françaises de l'époque obtempérèrent : on trouva des juristes serviles qui confectionnèrent une loi rétroactive (ce qui ne s'était jamais vu) permettant de punir de mort « les auteurs de menées antinationales » et on recruta des magistrats qui acceptèrent, au sein d'un tribunal spécial, d'appliquer ce texte infâme... En un premier temps il y eut trois victimes qu'on alla chercher dans leur cellule. André Bréchet, quarante ans, responsable parisien du PCF, condamné neuf jours plus tôt à quinze mois de prison. Émile Bastard, quarante-cinq ans, qui s'était vu infliger deux ans de prison pour propagande communiste. Un Juif, Abraham Trzebucki, cinquante-sept ans, emprisonné pour usage de faux papiers. Ils furent tous les trois rejugés pour ces mêmes faits avec, après une parodie de procès, la sentence voulue : la peine capitale. On les guillotina le lendemain du verdict à la prison de la Santé, les Allemands ayant décliné l'offre zélée de Vichy d'une « décapitation exemplaire sur une place de Paris ». Il y a, nous l'avons dit, des tombes qui parlent. Celle d'Émile Bastard, avec ce qui y est écrit, et donc avec le mensonge qui y a été ajouté, hurle…

Un des conservateurs du cimetière, me voyant déambuler et redéambuler entre les tombes, me demanda ce que je cherchais. Je lui parlai de Boria Lerner. « Qui est-ce ? — Un Juif communiste fusillé en 1943. » Il me dit alors que je le trouverais peut-être dans l'autre cimetière d'Ivry, le cimetière parisien, 44, avenue de Verdun, où se trouvaient la plupart des tombes des hommes de l'Affiche rouge et où le carré des fusillés comptait beaucoup plus de sépultures que celui du cimetière communal. Je m'y suis rendu. Et là, avenue de l'Est, 39e division — comme les villes, les cimetières ont leurs quartiers et leurs arrondissements —, j'ai trouvé Boria Lerner.

La dix-huitième tombe à gauche du monument à la mémoire des vingt-trois fusillés et d'Olga Bancic, la décapitée de l'Affiche rouge. Une stèle légèrement arrondie vers le haut avec, comme dans le cimetière de Jérusalem, où est enterré son petit-fils, l'étoile de David et l'inscription en hébreu « Tantseva ». Un peu plus loin vers la gauche, un autre monument indiquait que 4 500 résistants avaient été fusillés au mont Valérien. Et tout de suite à droite de la tombe de Lerner reposaient, surmontés d'une croix, les restes de Louis Departout, né le 2 mai 1916, « lieutenant FFI. Mort pour la France le 17.09.1943». Puis venaient les autres tombes, celles de la plupart des vingt-trois, qui donnaient l'impression que, bien qu'immobiles, elles continuaient, le voyage ne s'étant pas arrêté, l'errance révolutionnaire qui de Varsovie, de Budapest, de Bucarest en passant parfois par les tranchées de Madrid avait guidé les pas de ces hommes jeunes vers le mont Valérien où ils furent suppliciés.

Ils étaient là les camarades de Lerner, ceux de l'Affiche rouge, pas tous mais beaucoup d'entre eux, enterrés à fleur de terre, d'une terre fraîchement remuée. Mais oui, ils respiraient encore car, par bonheur, les services chargés de l'entretien des carrés des fusillés n'avaient pas placé au-dessus d'eux ces énormes et massives pierres tombales, qui, à coup sûr, écrasent les morts, les poussant, sous leur poids, vers des profondeurs d'où aucun souffle ne parvient plus. Et moi devant leurs tombes, devant celle de Boria Lerner, je me sentais revivre. J'étais bien avec eux, fort, invincible, semblable à ce demi-dieu de l'Antiquité grecque que le contact avec la terre rendait invulnérable. Et comme celle d'Émile Bastard, dans l'autre cimetière d'Ivry, ces tombes vivaient et parlaient.

Car telles qu'elles se présentaient dans un alignement apparemment ordonné, elles n'étaient pas sans rapport avec l'étrange vision chaotique du cimetière juif de Prague où des stèles funéraires s'enchevêtrent, partent dans tous les sens, penchées, droites, couchées, donnant l'impression que sous elles s'était produite une sombre et sauvage insurrection des corps voulant s'échapper vers le ciel. Il y avait un peu de ce merveilleux désordre-là dans la 39e division du cimetière parisien d'Ivry. Un chaos qui venait d'en haut contrairement à celui du cimetière de Prague, jailli de sous terre. Des tombes emmêlées : ici des petites croix, là des stèles avec l'étoile juive, là encore d'autres stèles de la même forme mais sans aucun signe qui aurait permis de distinguer l'origine ou la confession de ceux dont elles portaient les noms. C'était le cas pour Missak Manouchian (et pour sa veuve, Mélinée, venue le rejoindre ici cinquante ans après son exécution), le chef du groupe, dont on imagine bien qu'il était loin, très loin, du christianisme arménien dans lequel l'avaient élevé ses parents. Pourtant il y avait des croix sur les tombes du Polonais Stanislas Kubacki et de l'Italien Antonio Salvadori, communistes comme Manouchian, mécréants comme lui et fusillés en même temps que lui…

Et si, sur les tombes de Josef Boczor, de Marcel Rayman, de Thomas Elek, de Moysze Fingercweig, de Lejb Goldberg et de Michael Martiniuk, une étoile de David et l'acronyme « Tantseva » attestaient qu'ils furent juifs et le demeureraient pour l'éternité, rien de tel ne figurait sur une autre stèle qui portait pourtant le nom d'un autre Juif, leur supérieur hiérarchique à tous, le chef FTP de la région parisienne. Celle de « Joseph Epsztejn, dit Audry Joseph, né le 16.10.1911, mort pour la France le 10.04.1944 ». Pourquoi ces croix, ces étoiles juives et aussi ces stèles athées d'où était bannie toute référence à un dieu quelconque ? J'ai essayé de comprendre en appelant un historien rattaché à la direction des cimetières. Il m'en a parlé très longuement comme tous les érudits qui s'enflamment dès que l'on aborde leur sujet de prédilection. En bref, il ressortait de son exposé que les croix n'avaient pas vraiment de signification religieuse, qu'elles étaient placées d'office sur la sépulture de quiconque avait mérité la mention « mort pour la France ». Par conséquent les étoiles juives n'étaient là que par la volonté expresse des familles ou des amis des suppliciés. Il en allait de même pour les stèles de ceux dont les proches avaient refusé la croix ou l'étoile. Et donc là où j'avais vu un désordre attachant qui redonnait comme une deuxième identité aux fusillés de l'Affiche rouge, l'historien n'avait décelé aucun manquement à la réglementation très précise des cimetières parisiens.

Je me sentis alors encouragé, puisque rien ne semblait le surprendre, à lui demander ce que je devais penser de ce que j'avais vu une heure auparavant dans l'autre cimetière d'Ivry : la tombe d'Émile Bastard, guillotiné par Vichy et inscrit comme « guillotiné par les nazis ». Il y eut un moment de silence et mon interlocuteur baissa la voix, comme s'il craignait qu'on l'entende, et dans un chuchotement gêné m'expliqua que dans son administration il y avait des gens influents qui ne souhaitaient pas qu'on mette trop en cause le régime de Vichy et qui pensaient que l'heure était à la réconciliation des Français. Réconciliation ? S'il y a bien un mot qui me fait horreur, c'est celui-là! Je le hais tout autant que le très classique « moi, monsieur, je ne fais pas de politique ». Les lâches, les pleutres, les obéissants, les indifférents serviles, les boutiquiers qui vendaient leur marchandise à celui qui payait, fût-il nazi, gestapiste ou milicien « car un client est un client », ne faisaient effectivement pas de politique. Il y en eut comme ça des centaines de milliers qui, une fois l'armée allemande défaite, s'en allèrent cracher, quand ils le purent, sur des cadavres de soldats de la Wehrmacht, ces vainqueurs tellement craints et respectés de leur vivant, devenus des vaincus dorénavant inoffensifs. Ce sont eux, leurs enfants, leurs petits-enfants qui parlent de réconciliation. J'ai préféré, pris de colère, arrêter là ma conversation avec l'historien spécialiste des tombes.

Je suis revenu une deuxième fois au cimetière parisien d'Ivry car il m'avait bien semblé que le désordre qui m'avait frappé lors de ma première visite n'était pas dû seulement à la disparité des sépultures. Et en regardant de plus près j'ai tout de suite vu ce qu'il fallait voir. Les noms écorchés, abîmés, estropiés, tout comme ils l'avaient été en Pologne, en Roumanie, en Hongrie et comme ils le furent souvent sur les cartes d'identité que la France voulut bien leur délivrer ou dans les dossiers des greffes des tribunaux militaires nazis. Ainsi, Boria Lerner était devenu sur sa tombe « Boruh Lener » : le premier *r* de son nom avait disparu! Non loin de là, sur une sépulture voisine, un scribe consciencieux avait transformé Marcel Rayman en « Rajman Mieczslaw », se conformant scrupuleusement certes au registre de l'état civil où figuraient le prénom et le nom du jeune combattant tels qu'ils avaient été enregistrés à sa naissance le 1ᵉʳ mai 1925 à Varsovie. Marcel était mort et à sa place était né un Mieczyslaw, orthographié Mieczslaw sans le *y* nécessaire qui avait été oublié sur sa tombe. Ce sont des choses qui arrivent. Et il ne fallait quand même pas trop en demander à l'administration française qui, toute brave fille qu'elle était, ne pouvait quand même pas accueillir tous les *sz*, *cz*, *y*, *z* et *w* de l'Europe centrale.

Et des tombes au monument à la gloire des suppliciés de l'Affiche rouge, on retrouvait le même chaos orthographique. Ici Josef Boczor, là Joseph Boczov, ici Fingercweig, là Fingercwajg... Ces erreurs, ces fautes pourront peut-être choquer les camarades survivants des fusillés du 21 février 1944, voire blesser leurs proches, leur famille, quand il en reste. Pour ma part je les trouve douces à regarder, familières et merveilleusement significatives. Bien plus sûrement qu'un tampon sur une pièce officielle, elles sont la marque même de l'identité des morts qui gisent au cimetière d'Ivry. Comme eux, ils furent des dizaines de milliers qui n'attachèrent pas beaucoup d'importance à l'orthographe de leur nom. Il leur aurait fallu beaucoup d'arrogance — et ils n'en avaient aucune — pour aller protester contre quelques imprécisions patronymiques alors que le yiddish, le russe, le polonais, le hongrois, le roumain étaient passés par là avant le français et qu'eux-mêmes ne se privaient pas, par commodité d'usage, d'apporter quelques modifications à leur nom. Pareillement ils furent comme eux des dizaines de milliers à ne pas se poser la question de patrie en termes de fonction identitaire : ils étaient juifs, se vivaient comme des citoyens du monde, enfin du monde à venir, celui des lendemains qui chantent, et ils aimaient la France d'un amour sincère et authentique. Ils avaient tous des noms à coucher dehors, selon l'expression célèbre des concierges parisiennes, toutes-puissantes à cette époque qui était dure aux petites gens d'origine étrangère. Ils allèrent d'ailleurs, à cause de cela, coucher dehors pour toujours, dans les cimetières parisiens ou, en bien plus grand nombre, dans les charniers de l'Est.

Qu'aujourd'hui encore, comme naguère, on se trompe par-ci par-là sur leur nom est donc quelque chose de naturel et de miraculeux en même temps. Comme si c'était hier, comme si ces fautes providentielles abolissaient toute distance entre la jeunesse des fusillés et les tombes d'aujourd'hui. Comme s'ils étaient encore là, souriant gentiment quand un employé de mairie, un policier, un fonctionnaire du fisc leur faisaient épeler plusieurs fois leur nom pour, de toute façon, le transcrire de façon fantaisiste. Souriant gentiment car c'était bien le moindre écot qu'ils devaient payer à une France qui les avait accueillis et qu'ils aimaient tant. Ils avaient appris, bons élèves toujours, le français à l'école, le parlaient pour la plupart avec des intonations de gouaille parisienne, signant leur appartenance à une culture populaire qui mêlait harmonieusement les bals du 14 Juillet et les danses des komsomols russes, les films soviétiques et l'accordéon des guinguettes du bord de Marne, la Commune de Paris et Valmy, les auberges de la jeunesse et le Tour de France, *Nini-Peau-d'chien* et *La Jeune Garde*, Édith Piaf et les filles du quartier, etc. Ils lisaient à en perdre le sommeil les classiques « progressistes » des XIXe et XXe siècles : Maupassant, Vallès, Zola, Barbusse, Romain Rolland. Ils étaient français comme plus personne ne l'est aujourd'hui et il ne leur serait jamais venu à l'esprit de penser que les antisémites autochtones de leur époque puissent être autre chose que des ennemis du genre humain, c'est-à-dire des ennemis de la République, du peuple et de la liberté, des adversaires que la vraie France, la leur, combattait et rejetait. À cette époque une affiche restée célèbre montrait le maréchal Pétain, en grand uniforme, très père noble, avec cette légende : « Êtes-vous plus français que lui ? » Bien sûr qu'ils étaient tous, les fusillés de l'Affiche rouge, les guillotinés, les déportés asphyxiés dans les chambres à gaz, plus français que lui ! Ils l'étaient surtout autrement.

Si soixante-cinq ans après qu'ils eurent été exécutés leurs noms sont toujours aussi mal orthographiés et que ces fautes maintiennent pour l'éternité quelques instantanés de jeunesse, il en va de même pour les mots qu'on déversa, comme on vide un tombereau de fumier, sur leurs cadavres. Ils sont à leur manière, la pire, effroyables et authentiques, car ils exhalent non seulement la haine physique et pathologique du Juif mais aussi l'angoisse maladive et bien réelle d'une certaine France devant le « péril juif». Il est permis de les rappeler devant ces tombes, tant il est vrai que pas un de ces Juifs-là n'aurait eu la faiblesse d'en avoir peur puisqu'ils leur étaient familiers depuis longtemps et qu'ils ne les empêchaient pas de marcher la tête haute, car leur France, celle qu'ils aimaient, était naturellement de leur côté. Donc quand le procès des vingt-trois fut fini et quand les pelotons d'exécution du mont Valérien eurent accompli leur œuvre, les autorités nazies et celles de Vichy mirent en route une sordide opération de propagande. Celle-ci se traduisit bien sûr par l'Affiche rouge placardée sur les murs de France, par une floraison d'articles de commande et aussi par la publication d'une brochure intitulée *L'Armée du crime* dont les condamnés étaient supposés représenter l'avant-garde.

C'est Rayman qui, entre tous, fut choisi par un certain Jean Lasserre, un journaliste de la presse collaborationniste, pour ouvrir l'hallali. « Rayman semble échappé d'un roman russe. Échevelé, pâle jusqu'aux lèvres, l'œil opalin, il n'est pas de notre temps. C'est le nihiliste d'autrefois, le révolté de toujours, l'éternel dérailleur de trains. » Voilà qui était puisé à la source même de la tradition antirévolutionnaire qui, de Drumont à Brasillach, en passant par Maurras, Daudet et Barrès, avait largement irrigué le lit du fleuve où s'était coulée pendant longtemps la pensée de la droite et de l'extrême droite française. Mais quel hommage involontaire rendu à ce jeune Juif dès lors qu'on mettait son portrait en regard de la description faite par l'auteur de deux Français, « deux vrais Français, hélas, deux Français authentiques qui faisaient partie de la bande». «L'un, tout juste dix-huit ans, il répond sur un ton d'écolier, il a l'air de ces garçons dont les bonnes femmes disent: "C'est un attardé."» «L'autre est ouvrier agricole, il a l'air stupide et buté.» Le «nihiliste d'autrefois», le «révolté de toujours», ça a un peu plus d'allure qu'un «attardé» ou qu'un «buté à l'air stupide»! Mais le journaliste ne s'était sans doute pas bien rendu compte de ce qu'il écrivait tant avaient de force, en cette période, les clichés sur les Juifs dont il était convenu qu'ils étaient malins, sournois, rusés, intelligents et par conséquent parfaitement aptes à manipuler de pauvres Français, nécessairement débiles puisque sensibles à leur perverse influence.

La brochure *L'Armée du crime*, qui était proposée au prix de 5 francs de l'époque, ne s'embarrassait pas, elle, de références littéraires aux romans russes. Elle reprenait bien entendu les mêmes clichés, les mêmes fantasmes mais en plus grossier, en plus vulgaire. Et là aussi Rayman se taillait une place de choix. «Rayman le tueur, assassin de dix-sept Français, déclarant avec cynisme à l'instruction qu'il voudrait voir toutes les rues pavées de têtes de femmes et d'enfants goy...» Pour le reste c'était écrit à la manière d'un roman-feuilleton de facture assez conventionnelle pour tenir le lecteur en haleine. D'abord le mystère. «D'où venaient toutes ces armes? Ces assassinats? Ces vols? Ces attaques à main armée? Ces bombes explosives?» La litanie continuait ainsi sur quatre pages. «Et dans nos usines de tels sabotages? Des ouvriers français, des gars de chez nous — fussent-ils sympathisants communistes — capables de faire sauter un quartier ouvrier en entier avec les femmes et les gosses ? » Non ce n'était pas possible. La terre de France, celle qui ne mentait pas, ne pouvait pas avoir enfanté cela !

Alors ? Alors comment expliquer l'inexplicable ? La réponse à cette incompréhensible énigme venait enfin à la cinquième page avec l'évidence lumineuse, la même qui inspirait le commissaire Bourrel un peu avant la fin du célèbre feuilleton télévisé *Les Cinq Dernières Minutes* : « Mais c'est bien sûr ! » Mais c'est bien sûr, il suffisait simplement d'y penser. « Des étrangers se sont après la guerre de 14-18 précipités sur la France généreuse et accueillante. Ainsi fut créé sur ordre de Moscou la Main-d'œuvre immigrée, la MOI, refuge de la pègre internationale, pour former les cadres de la révolution qui détruirait la France. » Puis venait, avec deux photos, Thomas Elek obligé de poser avec une gigantesque clé anglaise et Marcel Rayman à qui on avait mis dans les mains un revolver, l'illustration de ce qu'était cette « pègre internationale ». « Leurs têtes hideuses. Le sadisme juif s'y étale dans l'œil torve, les oreilles en choux-fleurs, les lèvres épaisses et tombantes, la chevelure crépue et filasse. Crasse physique et tare mentale : voilà l'armée du crime ! »

La mère de Thomas Elek a, dans ses Mémoires, écrit ceci, qu'il faut lire pour se laver de ce qui précède. « Thomas m'a dit un jour : "Mon sang bout et je ne peux aller avec une femme, c'est défendu." Il était si beau, il avait un corps élancé et grand, un type très nordique et froid, les yeux bleus... Il m'a raconté qu'une fois dans le métro il y avait une magnifique jeune fille. Ils se sont regardés. Et d'un seul coup la fille est arrivée jusqu'à lui et a posé sa tête sur son épaule. "Que voulais-tu que je fasse ? m'a-t-il dit, c'est défendu." » Et un peu plus loin la mère d'Elek a raconté qu'un jour Bela, son plus jeune fils, est arrivé effrayé à la maison. « Il venait de voir les affiches avec le visage de son frère. J'ai pleuré devant Bela comme je ne me le pardonne pas. Il m'a vue sur un divan, je m'arrachais la figure, je saignais, je criais... » Voilà pour le « sadisme juif », pour « la crasse physique et la tare mentale ».

Reste que, si monstrueuses soient-elles, l'Affiche rouge et la brochure sur « l'Armée du crime » ne cessent de ressusciter dans une sombre gloire ceux qu'elles voulaient tuer une deuxième fois. D'ailleurs, tout comme les erreurs orthographiques qui persistent aujourd'hui sur les tombes, la brochure en question ne vieillit pas puisqu'elle poursuit, en catimini, son petit bonhomme de chemin. La preuve : un texte de Robert Faurisson, un vieux maniaque antisémite, que d'aucuns appellent savamment « négationniste » au prétexte que son activité principale consiste à nier l'existence des chambres à gaz. En date du 4 juillet 2001, dans un article figurant sur son site Internet il évoque ainsi l'affaire de l'Affiche rouge à propos de la rediffusion par Arte du documentaire *Des terroristes à la retraite*, présenté une première fois par Antenne 2 en 1985. « Tirer dans le dos d'un soldat ou jeter une bombe avant de prendre la fuite ne nécessite pas un grand courage : il y faut même une certaine dose de lâcheté quand on a conscience de ce que de tels attentats aboutiront le plus souvent, en temps de guerre, à des prises d'otages et à l'exécution d'innocents. » Et Robert Faurisson d'expliquer, à toutes fins utiles, que « des minorités juives et étrangères, non fondues dans la population française, n'éprouvaient guère de scrupules devant des actes que le Français de souche, lui, réprouvait, soit parce qu'il jugeait ces actes indignes et lâches, soit parce qu'il en craignait les répercussions sur ses compatriotes ».

Moi je me suis contenté de parcourir la brochure *L'Armée du crime*. Lui, manifestement, la connaît par cœur ! Et dans le même texte de Faurisson, entre une lourde énumération des attentats contre les Allemands et une appréciation particulièrement éclairante sur « ces Juifs qu'agite une perpétuelle fièvre de châtier le goy », une phrase, précieuse entre toutes. « De ces terroristes, le chef a été le Juif Abraham Rayski. » Il est tout à fait exact que mon père a été jeune un jour.

47, rue René-Hamon, Villejuif

Comment se mettre dans la peau des fusillés de l'Affiche rouge ? Comment jouer Rayman, Manouchian, Wajsbrot ou Elek ? Une voix dit : « Eh bien, il suffit de penser que c'étaient des hommes et des femmes comme nous ! » Une autre voix rétorque : « Non, justement pas comme nous ! » Bien sûr qu'ils n'étaient pas comme nous. Ou plutôt nous ne sommes pas comme eux.

Ce dialogue accompagne les premières images de *L'Affiche rouge*, le film de Frank Cassenti, tourné en 1974, et il suffirait presque à justifier, à lui tout seul, la nécessaire existence de cette œuvre cinématographique. Nous ne sommes pas comme eux… Certes. Mais d'eux nous avons reçu quelque chose, chacun de nous à proportion de notre courage personnel et de l'idée que nous nous faisons de nous-mêmes. D'eux nous avons reçu ce que reçoit une pellicule photographique quand un petit rayon de lumière l'impressionne durablement. Ils ont fait de nous, eux et tant d'autres que nous avons pleurés, ce que nous sommes. À coup sûr ni meilleurs ni pires que tous ceux qui n'ont pas eu accès à ce panthéon familial, mais avec un supplément inestimable : la conviction résolue qu'on ne peut pas dire oui à tout et la certitude absolue que, voyant un corps à terre, nous ne pourrons jamais le piétiner.

La mort ne nous a jamais menacés : nous ne sommes donc pas des héros et il n'est pas prouvé que nous aurions pu en être. Mais la mort nous accompagne en voisine. Elle chemine en parallèle à notre route pour nous rappeler, telle une vigie qui ne connaîtrait ni repos ni sommeil, que tant des nôtres ont péri assassinés. L'oubli nous est par conséquent une notion étrangère. Et c'est pourquoi nous sommes ce que nous sommes. Alors que des millions d'autres ne sont que ce qu'ils sont. Que ce qu'ils sont ? Il n'y a aucun mépris dans cette phrase, juste le constat d'une totale altérité. Je l'ai compris de manière certaine un jour quand, passant boulevard Richard-Lenoir sur le terre-plein où devait se tenir le marché, je vis sur les poteaux des étals une multitude de petites affichettes avec, imprimé en gros caractères : « Plus jamais ça ! » Je crus de prime abord qu'il s'agissait encore d'un vague débat sur Auschwitz. Pas du tout. Car je lus, en m'approchant, que rue Popincourt une camionnette de livraison de vêtements avait renversé et blessé à mort la gardienne d'un immeuble, en faisant marche arrière dans une de ces cours où l'on compte par dizaines des ateliers de confection (tous chinois et donc — ouf ! — pas juifs). Le récit de l'événement était accompagné de commentaires indignés, d'expressions de colère sur l'insécurité due aux livreurs, tandis que la malheureuse victime se voyait hissée au rang d'héroïne du quartier. Il était enfin demandé à tous de se réunir pour une marche silencieuse de protestation destinée à honorer sa mémoire et à empêcher que de telles abominations se reproduisent. « Plus jamais ça ! » Un jour cela avait été dit pour les millions de gazés d'Auschwitz. Et cela vaudrait maintenant pour une concierge victime d'un accident de la circulation ? C'est à hurler...

Alors oui, nous sommes ce que nous sommes et ils ne sont que ce qu'ils sont. Nous vivons la mort avec nos morts et, tout bien pesé, c'est une assez bonne compagnie. Et de façon certaine, quoique confuse, nous savons que s'il nous arrivait d'oublier cette Jérusalem-là notre main se dessécherait... Dans le film de Cassenti une phrase explique assez bien les mots : « Nous ne sommes pas comme eux » (comme ceux de l'Affiche rouge bien sûr, pas comme les riverains de la rue Popincourt). L'acteur qui doit incarner le rôle de Josef Boczor dit à celui qui jouera Marcel Rayman, avec l'expérience lucide des hommes qui ont connu comme lui la défaite de la guerre d'Espagne : « Si par malheur nous perdons, alors nous partirons ailleurs pour continuer le combat. »

À cette époque en effet, l'espoir de la révolution à venir était plus fort que tous les désastres subis par les révolutionnaires. On était écrasés dans l'Allemagne nazie... Peu importe : il restait la France, la Tchécoslovaquie ou l'Autriche. On était vaincus lors de la sanglante répression de l'insurrection ouvrière de 1934 à Vienne… Qu'à cela ne tienne : il y avait d'autres fronts, au Brésil, en Espagne. À son tour l'Espagne était terrassée… Eh bien, il était encore possible de rejoindre (et certains des volontaires des Brigades internationales le firent) les armées rouges de Mao. La France était envahie et se rendait, l'URSS était envahie et ne se rendait pas, toute l'Europe ou presque voyait flotter la bannière à la croix gammée… Et alors ? disait à sa façon Boczor : il faut se battre, toujours se battre et aller voir ailleurs, plus loin, si, là-bas, l'herbe de la révolution est plus verte.

C'est, bien entendu, ce qui nous manque pour être comme eux. Nous manque aussi la musique de l'accordéon, le « piano du pauvre » selon l'heureuse formule de Léo Ferré. Une certaine musique à laquelle par bonheur le film de Cassenti a fait la part belle. Dans son *Affiche rouge* ça chante, ça danse, ça s'enlace. C'est que les acteurs, ceux du Théâtre du Soleil à la Cartoucherie de Vincennes, qui vont jouer les rôles des héros de la FTP-MOI s'arrêtent le temps d'un déjeuner champêtre, le temps d'un bal. « Bal, petit bal », comme chantait Francis Lemarque, de son vrai nom Nathan Korb, un garçon juif du XIe arrondissement. Et cette musique est russe. Pas soviétique, russe. Mais pour les jeunes de l'Affiche rouge, contemporains de ces temps révolus quand l'URSS était identifiée à la patrie de la révolution, à leur patrie donc, c'était la même chose. Et ce sont ces chansons-là — et pas seulement « Gloire au camarade Staline » — qu'avaient apprises les jeunes fusillés du mont Valérien. Sur l'écran une fille chante adossée à un arbre. Dans la mémoire que j'avais du film j'entendais une mélodie d'accordéon et des paroles qui m'étaient familières depuis toujours : « Que les fleurs sont belles au printemps. Mais les filles, au printemps, le sont encore plus. » Je m'étais trompé, ai-je découvert en revisionnant *L'Affiche rouge* de Cassenti. Ce que la fille chantait en russe était tout aussi beau et nostalgique que ce que j'avais cru entendre. C'était une complainte sur « l'accordéoniste solitaire qui, la nuit au village, chassait le sommeil de la tête des filles ». Je la connaissais, tout comme l'autre.

Quant à l'accordéon qui nous avait ainsi bercés, celui des plaines de Russie, il n'avait rien de commun avec son homonyme français, un gros engin compliqué, constellé de touches de piano et de pressions rondes. Tellement lourd qu'il fallait l'accrocher autour du cou avec des bretelles. L'accordéon russe était petit, suffisamment léger pour être tenu à bout de bras. Avec lui on pouvait danser, courir, sauter. Il était rudimentaire, c'est pourquoi sa musique était si pure et si déchirante. C'est un de ces accordéons-là qui accompagnait la fille adossée à l'arbre. Elle s'appelait, ai-je appris, Olga Potemkine. Un beau nom : celui d'un célèbre ministre de Catherine la Grande et celui, surtout, d'un cuirassé immortalisé pour toujours avec ses marins révoltés et sa viande rongée par les asticots, dans l'un des plus grands films de l'histoire du cinéma.

J'ai su cela grâce à Jean Lescot, un acteur qui dans le film tenait le rôle du mari d'Olga Bancic, la décapitée de Stuttgart. Pour avoir été élevé dans les patronages et les colos juives de l'après-guerre, pour y avoir appris le yiddish, pour y avoir chanté des chansons venues de Russie, il avait compris que ce monde-là, celui de la jeunesse juive communiste ou communisante de Paris, et donc des vingt-trois, ne pouvait se comprendre sans mélodies russes. C'est lui donc qui avait trouvé le groupe et la fille que l'on entendait dans le film. Et cela sonnait juste. Car je suis persuadé que nombreux sont ceux qui succombèrent aux charmes de la révolution communiste grâce à cette musique, avec ses chants d'amour un peu tristes, presque toujours les mêmes, où il était question de la beauté des filles et où les garçons leur disaient toujours adieu avant de partir à la guerre, au combat, dans les rangs des partisans ou de l'Armée rouge. Des milliers de jeunes rêvèrent de ces jeunes filles aux longues tresses blondes, habillées en tenue folklorique ou portant le foulard rouge sur une chemise blanche, de ces garçons fiers et insolents, la chemise russe lâchée au-dessus du pantalon et étroitement serrée autour de la taille. Telles étaient les images offertes par l'Union soviétique et par les mouvements communistes. J'en connais de pires.

De Jean Lescot, qui s'appelle en réalité, et comme il se doit, Wajsbrot, j'ai gardé autre chose que ces quelques notes d'accordéon. Dans sa maison, sur un mur, était accroché un tableau singulier : du papier mâché, comme torturé, finement recouvert de dizaines de petites lignes qui, de loin, ressemblaient à s'y méprendre à des fils de fer barbelés. M'en approchant, j'ai vu qu'il s'agissait de caractères hébreux. C'était du yiddish, merveilleusement calligraphié : tout un texte qui courait de droite à gauche. Lescot avait bien connu le peintre, Serge Lask. Et il m'a dit que dans sa jeunesse celui-ci avait fréquenté les mêmes associations juives que lui, mais n'avait pas voulu, contrairement à d'autres, apprendre le yiddish. Il ne le parlait pas, ne l'écrivait pas, ne le lisait pas. Pourtant, ayant vieilli, il avait repris les manuels et les livres d'apprentissage que les moniteurs leur donnaient à l'époque. Et consciencieusement, pieusement, il les recopiait sans une faute, pour en faire ces parchemins, témoins apocryphes certes, mais bouleversants de sincérité, de ce monde juif englouti.

Lescot m'a raconté aussi ceci à propos de Serge Lask. Par principe celui-ci ne payait jamais le train. Il se faisait donc régulièrement verbaliser par des contrôleurs de la SNCF puisqu'il n'avait jamais de titre de transport. Lask expliquait alors que de toute façon il ne payerait pas. Qu'on pouvait lui envoyer tous les papiers bleus du monde. Lui faire tous les procès qu'on voulait : il ne verserait jamais un centime à la Société nationale des chemins de fer. Sauf si celle-ci s'engageait à lui rembourser l'aller simple, sans retour possible, qui avait valu à sa mère de faire le trajet Paris-Auschwitz. C'est une très belle histoire et elle a parfaitement sa place à côté des tombes du cimetière d'Ivry. Et puis encore ceci à propos du yiddish. Lescot m'a dit — et il voyait juste — que la langue ne disparaîtrait pas puisqu'on l'apprenait encore. Mais ce qui était perdu pour toujours avec nos millions de morts et les quelques vieux survivants qui mourraient à leur tour, c'était l'irremplaçable polyphonie de tous ces accents originaires de Pologne, de Lituanie, de Hongrie, d'Ukraine ou de Moldavie.

Ils étaient encore quelques-uns à parler comme ça. Et je pouvais, si je voulais, m'a-t-il dit, les voir et les entendre sur une cassette vidéo, sobrement intitulée *Casting*, où des vieilles Juives et des vieux Juifs yiddishisants faisaient de leur mieux, sur des bouts d'essai, pour figurer dans un film d'Emmanuel Finkiel, *Voyages*. J'ai regardé la cassette. Un enchantement de visages et de voix. Ils ne disaient pas « après » mais « aprey », s'étonnant que leurs interlocuteurs ne parlent pas yiddish et ajoutant, douloureusement incrédules : « Même pas le polonais ? » Mais ce qu'il y avait de plus émouvant dans ce casting, c'était un moment où, les unes après les autres, des vieilles dames devaient dire quelques lignes d'un monologue figurant dans le scénario. Il s'agissait d'une mère juive qui racontait que pendant la guerre elle avait dû se réfugier à Romorantin (elles prononçaient toutes « Ramarontin »). Que là-bas, pour la protéger, elle avait dû faire baptiser sa fille. « Et vous savez quoi ? Elle a épousé un goy ! Et aujourd'hui elle tient un café-tabac avec lui. » Eh bien, toutes ces vieilles dames, maladroites à d'autres moments ou forçant parfois le trait pour bien jouer, pensaient-elles, la comédie, débitaient ce passage sur un ton écœuré assorti de mimiques de dégoût, avec un naturel qui donnait à penser qu'il leur était difficile de concevoir plus grande déchéance que celle-ci. Un café-tabac avec un goy… Il est possible que l'absolue horreur d'un tel destin échappe à certains. Qu'ils imaginent alors une quelconque Mme de, de Rohan-Chabot par exemple, racontant horrifiée à ses amies, autour d'une tasse de thé, ce qui était advenu à sa fille Ghislaine. Convertie au judaïsme « avec le bain rituel, les rabbins barbus et tout et tout… ». Mariée à un certain Yoni Benkemoun, boucher casher rue des Écouffes, « qui lui fait un gosse par an ». « Et c'est elle qui tient la caisse. Et savez-vous ce qu'ils font le vendredi ? Ils entassent leur marmaille dans leur 4 X 4 et prennent, comme tous leurs semblables, la route de Deauville ! » C'est plus clair comme ça ?

Pourquoi tous ces détails ? Et qu'importent à notre propos Romorantin, son goy et son café-tabac ? Ils importent, car quand pendant trop longtemps on a marché dans le désert, desséché par la fournaise et qu'enfin une main providentielle vous tend une bouteille d'eau, il est exclu de laisser se perdre ne seraient-ce que quelques gouttes du précieux liquide. De cette bouteille nous avons tous besoin. Ceux qui ont toujours su rester près de la source pour se désaltérer. Et ceux — dont moi — qui ont cru qu'ils pourraient continuer à vivre en se passant d'eau.

Après *Casting* je suis allé voir le réalisateur du film où avait joué Jean Lescot. Frank Cassenti habitait 47, rue René-Hamon à Villejuif. Sur la plaque de la rue il était indiqué ceci : « Fils de Villejuif. Tué en Espagne sur le front de la liberté. 1910-1938. » Quand on baigne dans l'Affiche rouge, quand on sait que certains des vingt-trois, parmi les plus âgés, avaient fait leurs premières armes sur le front espagnol dans les Brigades internationales, impossible de laisser passer une telle rencontre. Avant de monter chez Cassenti j'ai donc fait un détour par le service des archives de la mairie de Villejuif. Surpris, et manifestement heureux que quelqu'un s'intéresse à ce communiste peu connu, un archiviste m'a donné de quoi écrire un livre sur lui. Jeune (il avait vingt-sept ans) secrétaire de la section du PCF de Villejuif, René Hamon était ce qu'on appellerait aujourd'hui un intellectuel, ou plutôt un homme de culture. Il avait fondé la Fédération des théâtres ouvriers et était devenu secrétaire de Paul Vaillant-Couturier, une des grandes voix et des grandes plumes du PC des années 1930. Engagé dans la 14e Brigade internationale, « la Marseillaise », une balle l'atteint à la tête lors d'une contre-attaque en direction des lignes franquistes, le 22 septembre 1938. René Hamon fut un des derniers brigadistes tués sur le front espagnol : sa mort précéda de quelques heures seulement le retrait des Brigades du front espagnol, retrait décidé par le gouvernement républicain dans une ultime et désespérée tentative de montrer sa bonne volonté à l'Angleterre et à la France, arc-boutées sur leur politique de non-intervention étrangère. Le 7 mai 1939, la municipalité communiste de Villejuif décida de donner le nom de René Hamon à une des rues de la ville. Celle-ci s'appelait auparavant rue d'Amont ! D'Hamon, d'Amont... voilà qui aurait séduit les surréalistes et Jacques Lacan.

Une belle adresse que celle où habite Cassenti. Il y a de cela quelques années, le cinéaste avait organisé dans le midi de la France une projection de son *Affiche rouge*. Dans la salle se trouvait le colonel Rol-Tanguy, chef des FTP pendant la guerre et surtout connu comme le commandant militaire de l'insurrection parisienne de 1944. Il n'avait jamais vu le film, pourtant sorti depuis longtemps, et vint en parler au réalisateur. Il lui demanda, pour pouvoir lui écrire éventuellement, où il habitait. Quand Cassenti le lui eut dit, Rol-Tanguy eut un sourire pensif : « J'ai bien connu René Hamon. C'est moi qui lui ai donné l'ordre le 22 septembre 1938 de partir avec son bataillon à l'assaut d'une position de mitrailleuses franquistes. Et c'est ainsi qu'il est mort... » Toutes les routes de l'Affiche rouge, tous les chemins parcourus par ses héros mènent et ramènent en Espagne.

J'ai voulu savoir si Frank Cassenti avait, comme Jean Lescot, des raisons personnelles, familiales et sentimentales de s'intéresser de si près au destin des vingt-trois. Tel n'était pas le cas. Juif marocain et jeune cinéaste communiste, cette épopée lui était étrangère. C'est par hasard, lors d'une exposition consacrée aux affiches politiques, que lui vint la révélation. Jack Ralite, le très connu maire communiste d'Aubervilliers, fit remarquer qu'il en manquait une, « la plus importante ». « Laquelle ? » demanda Cassenti. « L'Affiche rouge. » Ainsi, le film fut.

Quand il sortit sur les écrans tout le monde alla le voir. Enfin tous ceux qui avaient abandonné *La Marseillaise*, voire même *L'Internationale*, pour la chanson de Léo Ferré. « Vous aviez vos portraits sur les murs de nos villes / Noirs de barbe et de nuit hirsutes menaçants / L'affiche qui semblait une tache de sang. » Tous donc. Des Juifs, des communistes, des gauchistes de toute obédience, des socialistes. La gauche dans son ensemble. Jean Moulin ayant été récupéré au Panthéon par de Gaulle, tous avaient trouvé dans les visages de l'Affiche rouge les traits nécessaires à une sincère passion amoureuse. À gauche, et surtout à l'extrême gauche, qui dans ces années-là, proches de Mai 68, comptait beaucoup, le film fut mal accueilli.

Un journal, Cassenti ne se souvient plus très bien si c'était *Libération* ou *Les Cahiers du cinéma*, l'enterra avec ce titre : « L'affiche du Parti ». C'est que le film de Cassenti ne dissimulait pas que les fusillés, célébrés par Aragon, par Ferré et par toute une jeune génération qui les avait pris pour emblèmes, étaient de jeunes communistes. Et ça, c'était tout à fait impensable. On les voulait bien juifs, étrangers, brigadistes, internationalistes... On aimait qu'ils soient venus de Varsovie, de Bucarest et de Budapest... Mais on les voulait nus, sans leur défroque communiste, et toute capitale de l'Est était bonne à dire, sauf Moscou. C'était en quelque sorte les salir que de rappeler qu'ils crurent aussi que l'Union soviétique était leur deuxième mère. D'où la rage, sincère, d'une partie de l'extrême gauche française. Cela ne peut se comprendre si on oublie que les événements de Mai 68 furent aussi une formidable et naïve insurrection anticommuniste, ou antistalinienne si l'on préfère. Nombre de jeunes issus de ce sérail, communiste et souvent juif, avaient la haine de l'Union soviétique, et du système imposé par elle aux pays et partis « frères », chevillée à l'âme. Le capitalisme était honni, les « crapules staliniennes » étaient vomies… En s'en prenant à Cohn-Bendit, « l'anarchiste allemand », Georges Marchais n'avait rien arrangé et les chars soviétiques avaient fait le reste en août 1968 à Prague. Et comme s'il fallait une touche encore plus noire à ce tableau repoussant du PC, les révélations sur l'engagement du secrétaire général du PCF comme travailleur volontaire en Allemagne pendant l'Occupation poussèrent à son paroxysme le sentiment de dégoût. Comment ? Il travaillait à vingt ans pour les nazis alors que les vingt-trois, au même âge, se voyaient ligotés au poteau d'exécution !

Non, non et non, les héros admirés et sans tache ne pouvaient pas avoir été communistes. Ils se devaient d'être des maudits, des réprouvés, des vagabonds merveilleux et solitaires qui auraient joué dans une espèce de *road movie* révolutionnaire sans autre *happy end* que le peloton d'exécution nazi ou la balle dans la nuque du NKVD soviétique. D'où l'engouement pour *Aden Arabie* de Paul Nizan. Un livre d'une beauté poignante certes, et qui de surcroît avait eu pour auteur un écrivain exclu du Parti pour avoir dénoncé le pacte germano-soviétique, peu de temps avant sa mort au front en 1940. D'où l'étonnant succès d'un livre réédité dans ces années-là, *Sans patrie ni frontières* de Jean Valtin, un communiste allemand, révolutionnaire professionnel au service du Komintern. Normal : Valtin avait été persécuté à la fois par la Gestapo d'Hitler et par la police de Staline ! Léopold Trepper, le légendaire chef de l'Orchestre rouge qui avait connu la même trajectoire, les geôles nazies et les cellules de la Loubianka à Moscou, bénéficia lui aussi de cette frénésie amoureuse. Quant aux soulèvements et aux insurrections qui avaient parsemé le XXe siècle, c'est la révolte des marins de Kronstadt contre le pouvoir bolchevique qui, aux yeux de l'extrême gauche française de cette époque, faisait figure d'événement lumineux (on s'arrangeait pour oublier que c'est Trotski, tant aimé parce que victime de Staline, qui avait mené l'assaut contre les matelots révoltés). C'est à tous ceux-là, et à ceux-là seulement, SDF d'une révolution trahie, que devaient ressembler les fusillés de l'Affiche rouge !

C'est pourquoi je fus surpris quand Cassenti, dont le film était si controversé à l'extrême gauche, m'expliquait qu'il s'était lié d'amitié avec Pierre Goldman, ce militant révolutionnaire dont le destin et le livre *Souvenirs obscurs d'un Juif polonais né en France* suscitèrent tant de passion. C'est ainsi qu'il lui envoya dans la prison où il purgeait une peine de réclusion criminelle à perpétuité pour l'assassinat d'une pharmacienne boulevard Richard-Lenoir la bande-son de son film. Et quand Goldman fut libéré, à la suite d'un deuxième procès, Cassenti organisa une projection de *L'Affiche rouge* pour lui et sa famille, dont son père,

Mojsze Goldman, un ancien des FTP-MOI. « Avec lui je pouvais m'entendre. » Il est vrai que Pierre Goldman, d'après tous ceux qui l'avaient connu, avait tellement sublimé la partie juive de sa complexe personnalité qu'elle lui permettait d'accepter la part communiste des combattants de l'Affiche rouge. Il s'était construit une cathédrale personnelle où résonnaient les chants du ghetto de Varsovie, les mélodies révolutionnaires que connaissaient les jeunes Juifs des FTP-MOI et aussi quelques chansons israéliennes, puisque Goldman s'était surpris à fraterniser un soir de juin 1967 sur les Champs-Élysées avec les « sionistes » tant détestés qui fêtaient la victoire d'Israël sur les armées arabes. « C'était pourtant un gauchiste », ai-je dit à Frank Cassenti. « Oui, mais il n'était pas comme les autres ! »

Bien sûr. N'oublions pas la phrase qui ouvre le film de Cassenti : « Non, justement, ils n'étaient pas comme nous ! » Elle est vraie. Sauf une exception. Et cette exception, c'est Goldman : il était comme eux. Regardons les photos des fusillés de 1944. Ajoutons-y une autre, celle du militant révolutionnaire condamné en 1970. Elles sont interchangeables, fraternellement mêlées pour l'éternité. Un air de famille. Goldman avait une tête à figurer sur l'Affiche rouge à côté des « terroristes juifs » mis au pilori par les nazis. Rayman, Grzywacz ou Wajsbrot auraient pu prendre sa place — on n'y aurait vu que du feu — dans le box des accusés au Palais de justice de Paris où se jugeait l'affaire de l'assassinat de la pharmacienne du boulevard

Richard-Lenoir. Et souvenons-nous d'une autre phrase décrivant Rayman dans un journal de l'Occupation : « Il n'est pas de notre temps, c'est le nihiliste d'autrefois, le révolté de toujours, l'éternel dérailleur de trains. » Eh bien, c'est le portrait de Goldman. Non, il n'était pas comme les autres gauchistes. Oui, il était comme eux, ceux de l'Affiche rouge. Ses frères. Comment aurait-il pu dépouiller ses frères de leur passion communiste qui les accompagna le 21 février 1944 jusqu'au mont Valérien… ?

7 *bis*, rue Alexandre-Turpaut, Bois-d'Arcy

J'ai acquis la certitude que cette ressemblance entre Goldman, Rayman, Wajsbrot et les autres n'était pas seulement le fruit d'un tragique imaginaire juif projeté sur leurs destins en me rendant au centre d'archives du film de Bois-d'Arcy, 7 *bis*, rue Alexandre-Turpaut. Ce lieu, sans avoir leur beauté, contient autant de trésors émotionnels que les cimetières que j'ai visités. Ici de grandes armoires font office de tombes ou plutôt de caveaux contenant des cercueils en métal de forme cylindrique.

Ces cercueils s'ouvrent et on peut en faire surgir des vivants, les garder en vie avec soi, les voir en tête à tête sans témoins, profiter d'une miraculeuse intimité, les revoir une fois, deux fois, des centaines de fois... Pas trop de fois quand même car le risque serait grand de passer soi-même — comme dans *La Rose pourpre du Caire* — derrière l'écran, sur l'écran, de s'incruster dans la pellicule. Ce qui constituerait, à bien y réfléchir, une impossible profanation.

À Pierre Goldman elle eût été permise. Il était vraiment comme eux. Et il suffit de les avoir vus pour en être convaincu. Ils étaient cinq sur lesquels la caméra des actualités de Vichy de 1944 s'attardait : le « chef de bande » Manouchian, « l'Espagnol rouge » Alfonso, les « Juifs polonais » Rayman, Wajsbrot et Fingercweig. À coup sûr l'auteur des *Souvenirs obscurs d'un Juif polonais né en France* aurait pu faire le quatrième, Juif rien qu'avec son regard torturé et buté de vieil enfant du ghetto.

Sur l'écran le commentateur de *Pathé Journal* appelait à une « répression juste et implacable » contre les quelques spécimens des bandes « communo-terroristes » qu'on venait de voir. Les crimes et les méfaits qu'on leur attribuait occupaient l'essentiel de ce film d'actualités. Attentats, assassinats, sabotages s'inscrivaient en contrepoint d'images montrant la France, enfin celle de Vichy, douloureusement endeuillée par le « terrorisme juif ». Ici des préfets en uniforme suivant le corbillard d'un militant doriotiste « lâchement assassiné » et des gendarmes mobiles qui rendaient les honneurs sur le passage d'un fourgon funéraire. Là des évêques, accompagnés d'enfants de chœur et de prêtres, qui descendaient les marches d'une basilique pour se joindre au convoi. Là encore, des femmes en noir qui faisaient le signe de croix devant des cercueils d'autres pétainistes, eux aussi « lâchement assassinés ». Des foules silencieuses qui regardaient les cortèges funéraires. Et des miliciens en armes qui accompagnaient un des leurs vers sa dernière demeure.

Et puis Darnand, le chef de la milice, entouré d'hommes en uniformes, haranguant les siens pour leur promettre vengeance et annonçant cette « répression juste et implacable », qui avait si fortement inspiré le commentateur de *Pathé Journal*. Toute une France. Peut-être pas la France mais quand même toute une France avec ses policiers, ses gendarmes, ses miliciens, avec ses dizaines de milliers de fonctionnaires plutôt obéissants, avec ses magistrats que la guillotine ne faisait pas hésiter, avec ses idéologues nombreux, avec ses écrivains et ses journalistes qui étaient pléthore, avec ses militants de partis politiques aux sigles divers, PPF, PSF, MSR, etc., représentant tout le très riche éventail de l'extrême droite française…

Il fallait une force d'âme peu commune pour non seulement refuser de se soumettre à l'occupant allemand mais aussi pour se dresser contre cet État français doté d'un appareil gouvernemental et répressif écrasant. Les quelques hommes seuls que la caméra avait filmés dans l'antichambre de la mort eurent cette force-là. Pour les en punir il n'y eut pas que les pelotons d'exécution allemands. La guillotine, française, fonctionna aussi pour eux. Et quand les verdicts des tribunaux de Vichy paraissaient trop lents ou trop doux, les balles des miliciens la complétèrent.

Après ces actualités de Vichy j'ai été saisi par une boulimie d'images. Je m'en suis nourri, visionnant et revisionnant tout ce qui avait trait à l'Affiche rouge et en général aux FTP-MOI, notamment la très célèbre et très controversée émission d'Antenne 2 *Des terroristes à la retraite*. Dix ans après *L'Affiche rouge* de Cassenti, elle allait servir de révélateur au formidable potentiel de ressentiment que le Parti communiste avait accumulé contre lui et déclencher une mémorable crise d'hystérie collective. Il est vrai qu'en dehors de témoignages de vieux Juifs admirables et simples qui décrivaient avec force détails la fabrication de bombes artisanales, et les attentats, c'est-à-dire l'ordinaire quotidien des jeunes « terroristes » qu'ils avaient été, l'émission dans son commentaire et dans ceux de certains de ses intervenants extérieurs mettait en cause la direction du PCF dans la chute de Manouchian et des siens.

Les vingt-trois avaient été, comprenait-on, trahis, lâchés, abandonnés et, dans l'hypothèse la moins défavorable à la direction clandestine du PC, sacrifiés.

L'outrage était de taille pour un parti qui depuis longtemps se glorifiait d'être le parti de la Résistance et celui des « 70 000 fusillés ». Un animal blessé se défend toujours mal et il lui arrive bien sûr de devenir méchant… Aussi, le Parti communiste, criant à la calomnie, multiplia les protestations indignées, les menaces de procès pour tenter d'empêcher la diffusion des *Terroristes à la retraite*. Le malheureux ! Que n'avait-il pas fait là et pourquoi s'était-il embarqué dans cette galère évidemment promise au naufrage ? Il suscita contre lui une tempête qui le laissa hébété et sans forces. La presse, les sphères politiques, des intellectuels, des écrivains, tout le monde voulait voir l'émission que les communistes cherchaient à censurer.

Et nous, qui comptions un peu dans les journaux, nous voulions voir les nôtres, les Juifs de la FTP-MOI, les compagnons d'armes des fusillés de l'Affiche rouge. Il y avait dans notre frénésie un désir d'identification, de fierté revendiquée — oui, c'était ce monde dont nous étions issus ! — qui allait bien au-delà d'un supposé règlement de comptes avec le PC. Peu nous importaient les approximations, les élucubrations imbéciles, les délires historiques de commentaires expéditifs, pourvu que soient offertes à la France entière les pages de gloire des Juifs étrangers. Nos parents...

La querelle qui était cherchée au PC concernant son attitude vis-à-vis des hommes de la FTP-MOI reposait au demeurant sur peu de chose : la direction du Parti avait opposé un refus catégorique à la demande de la section juive de la MOI d'autoriser le repli en zone sud des combattants du groupe Manouchian qui subissaient à Paris une meurtrière hécatombe. C'est à partir de ce fait que fut forgée l'accusation de les avoir envoyés à la mort, de les avoir sacrifiés.

Cette accusation se doublait d'une autre bien plus accablante : ils avaient été trahis sur ordre de Moscou. Et chacun de chercher le « traître », celui qui à la demande du méchant Staline les aurait laissés délibérément périr. Pour les uns, ce fut le pauvre Boris Holban, un Juif roumain, le prédécesseur de Manouchian à la tête des FTP-MOI. D'autres désignèrent comme coupable le mystérieux Jean Jérôme, un Juif polonais, homme de l'ombre du PC, lié de longue date au Komintern et dont il était vraisemblable qu'il était en contact direct avec Moscou. Toutes ces foutaises furent sérieusement prises en considération et c'est le journaliste Philippe Ganier-Raymond, un brave type au demeurant, qui leur donna dans l'émission une apparente mais proprement hallucinante rationalité tout orwellienne. Alors que dans *1984* c'est le présent qui commandait au passé (ainsi, en effet, réécrivait-on l'histoire sous Staline), dans ce cas précis c'est le futur, ce qui était à venir donc, qui décidait du passé ! En effet pour Ganier-Raymond, le procès de Prague en 1952, après lequel furent pendus des dirigeants communistes taxés de « sionisme » (ce qui voulait simplement dire qu'ils étaient juifs) et où fut jugé Artur London, un des responsables pendant la guerre de la MOI, servait de pièce à charge contre Moscou et le PC français accusés d'avoir cherché à se débarrasser dès 1943 de militants juifs étrangers. C'était quand même un peu gros...

Il resta de cette bourrasque, une fois balayées les accusations les plus absurdes, l'idée que le PC les avait quand même sacrifiés en ne les retirant pas du front parisien devenu intenable et qu'aussi il avait occulté leur mémoire parce que juifs et étrangers. Sacrifiés ? Ils furent arrêtés à l'automne 1943 quand à l'Est les soldats soviétiques tombaient par centaines de milliers face aux Allemands, quand les Juifs périssaient par millions dans les massacres et les chambres à gaz, quand la vie d'un être humain ne valait pas plus cher que la balle qui allait le tuer... On m'a raconté récemment qu'en 1941, pendant la bataille de Moscou, quand fut stoppée l'avance nazie, les Soviétiques larguèrent des troupes parachutées sur les arrières ennemis. Au dernier moment, avant d'embarquer les hommes dans les avions, on s'aperçut que les parachutes étaient hors d'usage. On n'allait pas arrêter l'opération pour si peu ! Les parachutistes sans parachute prirent place à bord des appareils qui s'efforcèrent de voler aussi bas que possible, en rase-mottes. Et les hommes sautèrent vers le sol. Combien d'entre eux eurent la chance de survivre à cet atterrissage brutal ? Et dans ces circonstances, à cette époque, comment imaginer, sauf à refuser de regarder l'Histoire en face dans ce qu'elle a de tragique, que les services soviétiques ou la direction du PC clandestin auraient pu se préoccuper de la survie de quelques dizaines de militants susceptibles de tuer encore des Allemands à Paris ? C'est Jacques Chaban-Delmas qui eut le mot juste lors du débat contradictoire, réclamé et obtenu par le PC, qui suivit la diffusion des *Terroristes à la retraite* : « Messieurs, je dois vous rappeler que la guerre est cruelle. » Il n'y a rien à y ajouter.

Quant à l'autre reproche, celui d'avoir occulté la mémoire des vingt-trois, il est plus insidieux, plus tenace et plus intéressant par ce qu'il révèle sur la condition du Juif à notre époque. Certes, c'est un poète communiste, Paul Éluard, qui écrivit le premier (et peu connu) poème sur l'Affiche rouge. C'est un autre poète communiste, Louis Aragon, qui écrivit le second et le plus connu. Et c'est le PC — ou sa section juive — qui publia toutes les brochures qu'il fallait pour célébrer la mémoire des vingt-trois. Mais il est vrai qu'il les mettait moins en évidence que ses grands martyrs officiels Guy Môquet, Gabriel Péri, Jean-Pierre Timbaud ou Lucien Sampaix, et qu'il n'insistait guère sur le fait que la plupart des combattants des FTP-MOI étaient juifs.

C'est bien sûr de cela qu'il s'agissait. Le monde avait changé et les Juifs, enfin beaucoup de Juifs avaient changé. Durant de longues périodes de leur histoire, ils avaient appris à être discrets, sachant que leur présence, trop ostentatoire en tant qu'êtres singuliers et différents, pouvait agir comme un meurtrier chiffon rouge sur les sociétés où ils étaient installés. C'était l'antisémite qui désignait le Juif, comme l'expliqua fort bien Jean-Paul Sartre dans *La Question juive*. Et c'étaient les antisémites qui voyaient et traquaient les Juifs partout. Les Juifs, eux, se débattaient comme ils pouvaient dans cette toile d'araignée.

Décelait-on nombre de Juifs chez les bolcheviques et dans les partis communistes ? Aussitôt était brandie — pathétique et pitoyable défense — une liste nourrie de Juifs de droite, conservateurs ou réactionnaires. Dénonçait-on les banquiers et les financiers juifs ? Immédiatement était affirmée avec force l'existence d'une multitude d'ouvriers juifs, de Juifs pauvres. Mettait-on en cause le manque de patriotisme des Juifs ? Sans tarder était proposés à l'admiration nationale des officiers juifs qui avaient courageusement servi dans l'armée polonaise, d'autres qui, en

Allemagne, avaient reçu la croix de fer des mains mêmes du Kaiser, d'autres qui étaient tombés à Verdun ou sur la Marne avec comme linceul le drapeau tricolore. Et qui répétait sans relâche que les héros de l'Affiche rouge étaient juifs, juifs, juifs ? Les antisémites barbares de l'Allemagne nazie et leurs acolytes français de Vichy. Il fallait donc être discret ce qui n'impliquait pour autant ni honte ni lâcheté. Ne pas trop se faire remarquer. Être mesuré, proportionné[1]. Être dans la mesure du possible comme les autres, bien que différent. Un travail de Sisyphe sans cesse recommencé et voué naturellement à l'échec.

Ainsi était-on chez les Juifs. Avec comme deuxième nature la vieille prudence de l'éternel persécuté. Quant au Parti communiste, taxé de « parti juif » pendant l'Occupation et, après la Libération, de parti étranger, celui de Moscou (c'est un socialiste qui prononça la phrase restée célèbre : « Les communistes ne sont pas à gauche, ils sont à l'Est ! »), il n'allait quand même pas, lui qui avait tant besoin de Jeanne d'Arc et de Du Guesclin, crier sur les toits que tant de ses combattants martyrisés avaient le fâcheux inconvénient d'être juifs, donc pas tout à fait français. Et puis un jour tout cet échafaudage patiemment bâti pour

1. J'emploie ce terme à dessein. Dans un texte paru en mars 1944 dans *Notre voix*, le journal clandestin de la section juive du PC, il était écrit ceci pour s'insurger contre « la campagne antisémite et xénophobe » à laquelle avait servi de support l'Affiche rouge : « Dans la lutte héroïque du peuple français, les Juifs occupent une place proportionnelle à leurs possibilités ! Ils y sont une minorité. » Bien entendu il s'agissait d'un pieux mensonge : la place des Juifs parmi les fusillés, les guillotinés et les torturés était tout sauf « proportionnée ».

une fonction défensive, une sorte de ligne Maginot censée contenir les vagues de l'antisémitisme français, s'effondra. Chez beaucoup de Juifs, la plupart militants de gauche ou d'extrême gauche, se fit jour un sentiment qu'on s'était interdit depuis toujours et que les autres, les non-Juifs, avaient reçu naturellement en héritage : la fierté nationale. Elle fut clamée avec tous les excès naïfs dus à la divine surprise d'une découverte aussi récente.

Chez ceux qui avaient été touchés par cette grâce s'organisait, comme chez Pierre Goldman, un monde rêvé où cohabitaient les kominterniens juifs, les héros du ghetto de Varsovie, ceux de l'Affiche rouge et aussi (mais ça, c'était plus difficilement avouable) les jeunes parachutistes israéliens qui en 1967 avaient flanqué une raclée mémorable aux armées arabes. De ce tourbillon exalté où le I de MOI se vit soudainement affubler d'un tréma yiddishisant pour qu'on puisse dire la MOÏ, ce qui sonnait vraiment juif, le Parti communiste resta à l'écart. Sa réputation, ou du moins ce qui en restait, en souffrit beaucoup. Aux yeux de ses contempteurs il était devenu, comble de l'horreur, le parti franchouillard des super-Dupont.

Dans l'œil de ce cyclone il y avait quand même — on avait failli les oublier dans la rage de la polémique — les « terroristes à la retraite », des Juifs d'un certain âge qui racontaient avec naturel leur jeunesse combattante au sein des FTP-MOI, Kojitski, Weissberg, Lemberger, Micflikier… D'admirables petites gens dont certains exerçaient encore au moment de l'émission le métier de tailleur. Pendant l'Occupation ils avaient abandonné les ma coudre et les ciseaux pour le revolver, les grenade bombes. Et après la guerre ils étaient tout simplement revenus à ce qu'ils avaient appris à faire, à leur métier. Tous étaient touchants, émouvants.

Mais à cause de deux scènes de l'émission, c'est Weissberg et Micflikier que j'ai retenus. Le premier, filmé dans sa cuisine, expliquait comment il fabriquait des bombes artisanales. Puis la caméra le montrait marchant dans le cimetière de Bagneux au milieu de tombes juives taguées de « sale juif », « mort à Israël », « fils de pute ». Cela se passait dans les années 1980 et c'était, si je peux me permettre et je peux me le permettre, le bon temps... Le bon temps quand la moindre agression ou insulte antijuive faisait hurler de colère toute la gauche française. Quand la profanation, certes particulièrement sordide, d'une tombe à Carpentras jetait dans les rues de Paris des centaines de milliers de manifestants révoltés. C'est qu'évidemment on n'avait pas de doutes sur les auteurs ou, en tout cas, les inspirateurs idéologiques de ce genre d'actes : des proches du Front national ou des groupuscules d'extrême droite. Contre le retour de la peste brune, personne ne pouvait manquer à l'appel.

Alors qu'aujourd'hui... Alors qu'aujourd'hui les mêmes profanations, les agressions antijuives, voire les tentatives de lynchage de porteurs de kippa, ou plus simplement de tous ceux et celles dont le faciès témoignerait de leur détestable origine, ne suscitent que des soupirs un peu gênés et désabusés : « Vous comprenez, avec tout ce qui se passe en Palestine… » Les auteurs et en tout cas les inspirateurs de ces actes sont parfaitement connus : ils tiennent pour superflues les vies d'un Boria Lerner et de ses semblables et jugent nécessairement compréhensibles les mobiles de son assassin, Ismaïl Horani. Simplement, et contrairement aux fascistes, ils n'entrent pas dans les grilles idéologiques de ceux qui dans les années 1980 (le bon temps) jugeaient impossible de laisser les Juifs seuls face à l'antisémitisme. C'est triste. Et c'est quelque chose que Gilbert Weissberg n'aurait pu imaginer quand il marchait au milieu des tombes souillées du cimetière de Bagneux. Quelques années se sont écoulées depuis. Des siècles…

Ce qui m'a touché chez Charles Micflikier était d'un tout autre registre. Un vieil homme dégingandé, le visage chaussé d'une énorme paire de lunettes, tenant à la main une terrifiante paire de ciseaux qui coupait avec précision des mètres de tissu pendant qu'il parlait, parlait. Ah, il parlait bien, Micflikier. Écrasant de son fabuleux, et en grande partie incompréhensible, accent yiddish tous les Juifs qu'on avait pu entendre dans *Casting* : ses propos avaient dû être sous-titrés. Comme les autres, répondant aux questions, il parlait de bombes, d'attentats, d'attaques à la grenade. Puis soudainement son visage s'est défait. « Les nazis ont tué ma famille. Ma mère, ma sœur avec cinq enfants, mes frères avec leurs enfants. Tous anéantis… Je n'en peux plus. J'en tremble encore. » Charles Micflikier pleurait. Avez-vous déjà entendu les sanglots d'un vieil homme ? Il m'a été donné de le revoir une deuxième fois. Sur Arte on rediffusait *Des terroristes à la retraite* dans une version légèrement modifiée. Les plus contestables des accusations portées contre le PC avaient disparu. Quelques scènes qui n'avaient pas été sélectionnées pour la première version avaient pris leur place. Et dans l'une d'elles Micflikier expliquait comment il avait tué un policier français venu l'arrêter. À sa demande le réalisateur avait supprimé ce passage lors de la première diffusion. Pensez donc, un policier français ! Même s'il était aux ordres de Vichy et des Allemands, c'était quand même un policier français. Et cela pouvait valoir — qui sait ? — des ennuis. L'ancestrale angoisse juive face à l'uniforme représentant le pouvoir et l'autorité qui, partout et depuis toujours, était hostile avait, quarante ans après la guerre, repris possession de Charles Micflikier.

Reste que cet aveu posthume et non souhaité (Micflikier était mort entre-temps) avait l'inestimable mérite de rappeler que le combat contre l'occupant se doublait d'une guerre civile où les policiers français firent preuve d'une redoutable et meurtrière efficacité. Pas tous certes. En 1943, quand des dizaines de jeunes de la MOI furent arrêtés, on les amena au dépôt de la Préfecture de police pour être interrogés par les inspecteurs de la brigade spéciale. Menottés, ils attendaient sous la garde d'un policier qu'on vienne les chercher, chacun à son tour. Thomas Fogel, l'un d'entre eux, resta longtemps dans le bureau des inspecteurs. Les autres entendaient ses cris. Puis les hommes de la brigade spéciale le ramenèrent, blessé, tuméfié : les coups l'avaient rendu méconnaissable. Le policier qui était de faction à la porte fit mine de ne pas les laisser rentrer : « Je ne connais pas cet homme, ce n'est pas celui que vous êtes venus chercher tout à l'heure ! » C'était un brave flic compatissant. Il y en eut. Mais pas plus qu'il n'y eut d'Auvergnats au grand cœur dans la chanson de Brassens quand « tous les gens bien intentionnés fermaient leur porte au nez » des malheureux.

Encore une image pour en terminer avec les images. Au musée du Louvre il y a d'admirables tableaux qui figurent parmi les plus grands chefs-d'œuvre de l'humanité. Mais il n'y en a qu'un à porter sur le visiteur un regard inoubliable : *La Joconde*. En visionnant d'autres images sur les FTP-MOI, un regard comme celui-ci a croisé le mien pour ne plus le quitter. L'Affiche rouge possède, on le sait, une dramaturgie propre à fasciner les chaînes de télévision. C'est pourquoi « Les brûlures de l'Histoire » consacrèrent elles aussi une émission au destin des vingt-trois. Et là figurait un document d'époque, quelques mètres de pellicule tournés par les actualités nazies. Une image à couper le souffle. De celles qui vous obsèdent une vie entière. Un jeune homme enchaîné, grand et blond s'avançait en souriant vers le fourgon cellulaire qui allait l'amener devant le peloton d'exécution. Et puis, toujours souriant, il tournait son regard vers la caméra. Et il lui tirait la langue…

28, rue Saint-Dominique, Paris VIIe

Penché sur le petit écran de son ordinateur, le vieil homme regarde l'image de l'enfant. L'enfant tient le revolver qu'on lui a mis entre les mains : vers lui sont tournées des centaines de visages d'officiers allemands curieux de savoir à quoi ressemble un petit terroriste. L'enfant est né le 11 août 1926 à Bucarest, le vieil homme aussi… André Kirschen, soixante-seize ans, regarde André Kirschen, quinze ans.

Les images sont floues. Il n'y a pas de son, donc pas de commentaire. Elles ont été tournées par les actualités allemandes en 1942, entre le 7 avril et le 14 avril, à la Maison de la chimie, 28, rue Saint-Dominique, dans le VIIe arrondissement de Paris. Le décor est planté pour un grand spectacle judiciaire, prélude à une mise à mort. Au fond de la salle, une gigantesque croix gammée surplombe la table où siègent les juges militaires allemands. Leur faisant face, séparés par une travée, des officiers allemands assis avec quelques civils. Sur la droite, des avocats français en robe, tous commis d'office, tous Alsaciens, car il fallait parler allemand. Au fond, le box des accusés, vingt-sept jeunes, et souvent très jeunes, communistes à qui on enlèvera leurs menottes quand ils seront amenés dans la travée pour mimer les gestes des attentats qu'on leur reproche d'avoir commis.

D'autres images encore. Écrasantes, quand des centaines de bras se lèvent pour le salut hitlérien à l'arrivée d'un militaire, vraisemblablement important. Bouleversantes, quand on voit une partie des accusés sortir de la Maison de la chimie pour entrer dans le car qui les ramènera à la prison de la Santé et les amènera plus tard au mont Valérien où vingt-trois d'entre eux seront fusillés. Aucun des accusés n'a la tête baissée, ils marchent droit, sereinement, pourrait-on dire, fièrement, voudrait-on dire, mais il est vrai qu'on ne doit pas chercher à savoir ce qui se passe dans la tête d'un condamné qui va mourir.

L'enfant au revolver, le petit André Kirschen, n'est pas sur ces dernières images. En revanche, la séquence qui lui est consacrée durant le procès est relativement longue. On peut le voir de façon autre que fugitive, de profil, de face. Son visage est bien celui d'un enfant. De grands yeux noirs, une abondante chevelure, noire également. Des traits ourlés. Le visage d'un enfant, d'un enfant juif pour être précis, typiquement juif, tels que le sont les enfants de ce peuple avant d'atteindre l'âge adulte et tels que, de nouveaux types, ils redeviennent avec la vieillesse. Si on veut se faire une idée plus précise du petit Kirschen, il suffit de se référer à une photo, tellement célèbre qu'on finit par ne plus savoir la regarder : celle du gamin juif, les bras levés, au lendemain de la chute du ghetto de Varsovie. Qu'on lui enlève sa casquette et ses haillons, qu'on lui ajoute quelques années, et on verra alors apparaître celui qui tient un revolver à la Maison de la chimie.

Ce n'est pas, à dire vrai, André Kirschen que je cherchais. André Kirschen, le survivant, qui ne fut pas fusillé car le code militaire allemand, que la Wehrmacht respectait, en France en tout cas, prévoyait pour la mort l'âge minimum de seize ans. Celui que je voulais retrouver, ou plutôt revoir et revoir puisque je savais qu'il avait été exécuté, c'était l'homme jeune qui, en rigolant, tirait la langue à la caméra allemande avant de monter dans le fourgon qui allait l'amener au mont Valérien. Celui que j'avais entraperçu, un très bref moment, en visionnant « Les brûlures de l'Histoire ». Les réalisateurs avaient en effet utilisé quelques images du procès de la Maison de la chimie, sans doute parce qu'elles étaient exceptionnellement émouvantes, mais aussi peut-être parce qu'ils sentaient qu'entre les fusillés d'avril 1942 et ceux qui périrent deux ans plus tard en février 1944, et figurèrent sur la célèbre affiche, il n'y avait aucune différence. Seuls les hasards des rencontres clandestines, des voisinages militants ou de la camaraderie de quartier firent que certains jeunes communistes furent FTP et d'autres FTP-MOI. Il y avait des Juifs et des étrangers dans le groupe jugé à la

Maison de la chimie. Il y eut des Français parmi les vingt-trois que l'Affiche rouge allait rendre célèbres à jamais.

C'est donc le garçon qui souriait en tirant la langue que je voulais identifier. Jamais image ne m'avait paru si pleine de vie, si remplie d'une superbe insolence. À ma demande André Kirschen arrêta la bobine sur lui, une fois, deux fois, puis on revint en arrière, puis de nouveau on le fit avancer vers le fourgon. Il était grand, jeune et plutôt blond. André Kirschen chercha, compara avec des photos mais hésita à mettre un nom sur ce visage. Peut-être s'agissait-il de Louis Coquillet, un Breton de vingt et un ans, serrurier à la SNCF ? Contre lui le tribunal avait relevé que, membre de l'Organisation spéciale (OS) du Parti communiste (qui allait plus tard se transformer en FTP), il avait participé à Paris de novembre 1941 au 3 janvier 1942, donc en deux mois, à dix attentats contre les Allemands et contre leurs collaborateurs français. Ou alors peut-être était-ce Jean Quarré, un ouvrier de vingt-deux ans, militant des Jeunesses communistes du XIXe arrondissement ? Ou, pourquoi pas, Carlo Schoenhaar, le plus jeune des fusillés (il n'avait pas dix-huit ans quand il fut exécuté), réfugié en France avec sa mère et fils d'un dirigeant communiste allemand, Eugène Schoenhaar, assassiné par la Gestapo le 1er février 1934 ? Impossible de choisir. Et d'ailleurs pourquoi choisir entre ces trois-là ? Ils étaient tous pareillement jeunes, courageux et fiers…

Quand les images sont muettes, il est tentant de mettre un peu de son sur elles, à la façon des pianistes qui accompagnaient dans les salles de cinéma les films d'avant l'ère du parlant. Écoutons parler les assassinés. Écoutons aussi, mais seulement après, les assassins. Le 17 avril 1942, à 14 h 30, Carlo Schoenhaar écrit sa dernière lettre à sa mère. Il écrit en allemand et cela commence par «*Meine liebe Mama*». Il lui dit ceci : «Je désirerais ardemment que tu aies un nouvel enfant à qui tu pourrais offrir tout ton amour, celui que tu as éprouvé pour moi.» Et il le lui redit en insistant : «Ma chère maman, sépare-toi des objets qui m'appartiennent. Ne garde rien du passé. Tu es encore jeune et peux te construire un monde plus beau particulièrement si tu avais un nouvel enfant. C'est mon souhait le plus ardent.» Carlo Schoenhaar n'a que dix-sept ans quand il s'adresse ainsi à sa mère... Peut-on lire ces lignes sans avoir envie de pleurer? Le 17 avril 1942 également, Jean Quarré écrit à sa mère : «Je vais quitter cette vie où tout ne m'a pas toujours souri, mais les quelques heures qu'il me reste à vivre je les ai vues passer avec bonheur. J'ai eu ce que je voulais [...]. Sois courageuse maman, il ne faut pas pleurer les morts, ce sont eux les plus heureux, surtout quand ils meurent pour leur idéal.» Le même jour, à 13 heures, Louis Coquillet écrit à Francette, sa fiancée : «Petite chérie, plus jamais je ne te verrai, je ne t'embrasserai plus, ne te cajolerai plus, ni te sermonnerai, tout est bien fini.» Et à ses parents : «À toi papa, du calme, et entoure maman de toute ton affection. Tu es un homme et le cœur de maman souffrira tellement.» Puis cette demande : «Surtout papa, excuse-moi de te dire cela, c'est sans méchanceté, tu sais papa, rentre de bonne heure à la maison… »

Et maintenant sur ces mêmes images l'autre son, car il faut aussi l'entendre. Celui que les actualités allemandes, qui n'ont, pour une raison inconnue, pas fini leur travail, auraient pu diffuser. C'est à vomir et il faut avoir lu et entendu ce qui précède, avoir vu les visages des suppliciés pour en mesurer toute la basse ignominie. Cela a paru le 23 avril 1942 dans un journal qui s'appelait *Au pilori*, et l'article portait le titre éloquent « Ce n'étaient pas des hommes ». Il était signé R. Fechy. Le journaliste, qui manifestement avait assisté au procès, disait avoir vu « un misérable troupeau de voyous, de dégénérés, de monstres, suant le crime crapuleux, la peur et la lâcheté ». Il regrettait que « des milliers de Français […] n'aient point pu admirer "les héros et nobles défenseurs" de la judéo-maçonnerie internationale. Le spectacle de cette crapuleuse engeance, habituée à vivre dans l'ombre des pissotières, leur aurait peut-être ouvert les yeux ». Et il poursuivait : « Ces vingt-cinq condamnés à mort n'étaient pas des hommes. Comment, en effet, donner ce titre que tout misérable peut revendiquer, pour peu qu'il y ait quelque lueur d'humanité en lui, à cette cohorte de gouapes monstrueuse. Ils étaient tous là sur le banc des accusés, du petit voyou que l'on trouvait dans tous les défilés du Front populaire, le poing dressé et l'ordure à la bouche, jusqu'au faux intellectuel, prétentieux, hypocrite, cauteleux et bavard, en passant par la brute prête à tout pourvu qu'elle ait sa ration journalière d'alcool. Tout cela porte le sceau d'Israël. »

J'ai regardé le vieil homme qui était près de moi. Et sur l'écran, à nouveau, l'image du petit André Kirschen, quinze ans et demi, tel qu'avait dû le voir au procès le type du *Pilori*. « Sa ration journalière d'alcool... » Je ne sais pas bien qui était R. Fechy sauf que c'était une ordure. Et si quelqu'un pouvait m'apprendre qu'il a fini, à la Libération, avec quelques balles dans la peau, j'en éprouverais une joie sans mélange... J'ai remis la cassette en route jusqu'au moment où l'on voit se lever des centaines de bras pour le salut hitlérien. J'ai demandé à André Kirschen si, sur le moment, cela l'avait impressionné. « Pas du tout », m'a-t-il répondu. Arrêté le 9 mars 1942 par les policiers français des brigades spéciales, il était resté pendant un mois seul dans sa cellule de la prison de la Santé, les mains menottées derrière le dos. Il voyait donc ce procès comme une « sortie », une distraction presque. Sans illusion sur son sort (en quoi il se trompait) puisqu'il avait appris que parmi les otages fusillés à Châteaubriant le 21 octobre 1941 figurait Guy Môquet, à peine âgé de dix-sept ans, André Kirschen aurait aimé que les audiences durent encore des mois. Tout était mieux que la cellule de la Santé. Un jour, la veille du verdict, son avocat vint lui dire que le procureur ne requerrait pas la peine de mort contre lui en raison de son jeune âge : il se souvient avoir regardé gêné ses camarades qui avaient tout entendu et qui allaient mourir. De ce procès, sur les vingt-sept accusés, il n'y eut avec lui, avec Pierre Lefebvre, condamné à cinq ans de détention, avec sa femme, Marie-Thérèse Lefebvre, condamnée à mort mais graciée, que trois survivants. Au mont Valérien il y eut donc vingt-trois exécutés. Parmi les accusés figurait une jeune femme de vingt-deux ans, Syma (Simone) Schloss, Juive polonaise. Elle fut transférée en Allemagne : elle eut la tête tranchée le 17 juillet 1942 dans la cour de la prison de Cologne.

Vingt-trois hommes fusillés, une femme décapitée… Presque exactement la même configuration macabre que lors du procès dit de l'Affiche rouge : vingt-deux hommes fusillés, une femme, Olga Bancic, Juive roumaine, décapitée en Allemagne… Étrange coïncidence à moins que, consciemment ou inconsciemment, les juges militaires allemands du deuxième procès aient été fascinés par le chiffre. Une autre coïncidence relie André Kirschen à d'autres fusillés de l'OS du Parti communiste : il fut arrêté le 9 mars 1942 (aujourd'hui il se dit heureux d'avoir été capturé si tôt et si jeune : pris plus tard, il aurait eu seize ans, l'âge requis pour le peloton), le jour même où au mont Valérien étaient fusillés sept jeunes communistes, condamnés à mort après un procès qui se déroula dans la galerie des fêtes du Palais-Bourbon les 4, 5 et 6 mars 1942 avec le même souci de mise en scène que, plus tard, à la Maison de la chimie puis, plus tard encore, quand furent jugés à l'Hôtel Continental ceux de l'Affiche rouge. Ils étaient sept dans le box des accusés. Ils furent sept le

9 mars 1942 au mont Valérien, ce fameux jour où l'on arrêta le jeune Kirschen.

Parmi eux Fernand Zalkinov, un jeune Juif de dix-neuf ans, ouvrier fourreur et fils de cordonnier. Le nom de Zalkinov figure ici en raison de la dernière lettre écrite par le condamné à sa petite sœur. Une lettre qui en dit long, bien plus long que n'importe quelle étude historique ou sociologique sur ce qu'il y avait dans la tête des gens de peu, des gens simples de ces années-là. « Je songe à tous mes héros, à Saint-Just et à Ulenspiegel, à Jacques Vingtras et à Jean-Christophe. Je songe à mes chers bouquins. » *Jean-Christophe* de Romain Rolland fait au bas mot dans les 1700 pages : un de ces grands romans un peu lent (bourré de références musicales) comme on les affectionnait à l'époque... *Jacques Vingtras* est le titre général de la célèbre trilogie (*L'Enfant*, *L'Insurgé*, *Le Bachelier*) écrite après la Commune de Paris par Jules Vallès... Quant aux *Aventures d'Ulenspiegel* de Charles De Coster c'était un des grands classiques des bibliothèques républicaines et de gauche qui mettait en scène un sympathique et drôle révolté flamand acharné à ridiculiser les occupants espagnols de Philippe II... Voilà ce que lisait à dix-neuf ans un garçon qui travaillait dans un atelier de fourrure ! Si l'expression « culture ouvrière » a bien un sens, elle est tout entière condensée dans la lettre de ce condamné à mort.

André Kirschen, lui, n'était pas de ce monde-là. Certes, il était juif et communiste comme Fernand Zalkinov. Mais la ressemblance s'arrête ici. Car avec lui nous quittons les arrondissements rouges du XIe, du XIXe et du XXe pour gagner les beaux quartiers, selon le titre d'un célèbre roman d'Aragon. Les Kirschen habitaient en effet la rue Duret dans le XVIe. Le père, ingénieur de formation, avait quitté la Roumanie en 1931 et s'occupait d'une société de production cinématographique. André Kirschen fréquentait donc le lycée Janson-de-Sailly dans le XVIe et le lycée Pasteur à Neuilly. Et c'est rue La Boétie, dans le VIIIe, qu'entraîné par son frère, de quelques années plus âgé que lui, il se rendait tout petit aux réunions d'un club des amis du Front populaire. J'aime bien les adresses : et celles-ci sont tellement insolites par rapport aux taches rouges et juives des quartiers de l'Est parisien… Bernard Kirschen, le frère aîné, étudiant à la Sorbonne, était communiste. À la page 91 d'un recueil d'articles de presse qu'il a édité, André Kirschen m'a montré la coupure de *L'Œuvre* du 16 novembre 1940 où on relatait le démantèlement d'une organisation communiste à la Sorbonne : parmi les noms des dix-neuf militants arrêtés il y avait celui de Bernard Kirschen « chef de secteur ». J'ai vu que juste à côté, à la page 90, figurait un article paru le même jour dans *Le Petit Journal* et signé par le colonel de La Rocque, le célèbre chef des Croix-de-Feu, une des plus agissantes ligues d'extrême droite de la France d'avant-guerre : il y vitupérait avec beaucoup de conviction « le général de Gaulle et ses associés » qui méritaient la mort « pour avoir trahi la France ». Mais il paraît qu'il faut faire très attention quand on parle du colonel de La Rocque. En effet ses descendants font feu de tout bois pour protéger sa mémoire au prétexte qu'il n'aimait pas les Allemands, qu'il y avait quelques Juifs dans les Croix-de-Feu et qu'il trouva à redire au statut des Juifs promulgué par Vichy. Cela ne m'interdit pas de penser qu'il y avait un peu plus de mérite et de courage en 1940 à figurer dans un article de *L'Œuvre* comme militant subversif arrêté par la police de Vichy que de signer un texte dans *Le Petit Journal*…

Chez les Kirschen d'ailleurs, le courage et aussi la mort étaient une affaire de famille : le frère aîné Bernard, membre de l'OS du Parti communiste, mais jamais identifié comme tel par les nazis, fut fusillé comme otage le 11 août 1942 en même temps que son père, parce qu'ils étaient parents du « terroriste » André Kirschen. Tous deux sont enterrés au cimetière de Bagneux. Sur leur tombe ils eurent droit pendant longtemps à la mention « mort pour la France ». Puis un jour, il y a une dizaine d'années, André Kirschen découvrit que l'administration des Anciens combattants avait changé la plaque, faisant disparaître le « mort pour la France » pour le remplacer par « Juif roumain, fusillé par les nazis ». Depuis il n'est pas allé voir…

Avec André Kirschen nous avons aussi parlé de l'Affiche rouge, du groupe Manouchian, de la MOI. Car finalement c'est bien à cause de cela que j'étais chez lui. Il se souvenait avoir vu, comme tout le monde dans les années 1980, le film de Mosco *Des terroristes à la retraite*, et l'avoir vu avec colère pour ce qu'il insinuait sur le Parti communiste accusé d'avoir trahi, ou lâché, ou abandonné, ou sacrifié volontairement, les combattants de la MOI. Le PC était assurément coupable de bien des péchés mais quand même pas de celui-là ! La MOI ? Je ne suis pas sûr que ces trois lettres-là laissent totalement serein André Kirschen. « La MOI... Mais on n'en parlait pas dans ces années-là. Nous étions tous jeunes, tous communistes, juifs souvent, membres de l'OS puis des FTP. » André Kirschen a noté simplement que la MOI, ces initiales magiques, avait finalement occupé tout l'espace dévolu à la mémoire de la résistance communiste. Il m'a parlé aussi de la voix de Simone Signoret qui commentait les images du film de Mosco. Elle évoquait avec émotion les combattants immigrés morts pour la France et expliquait qu'on allait voir et entendre quatre survivants de cette période héroïque « des Juifs polonais ». Tout comme pour la MOI, j'ai senti chez André Kirschen comme une fugitive pointe d'amertume concernant ce choix de mots ou ce choix des hommes. Je lui ai dit qu'à mon avis un symbole — l'insurrection du ghetto de Varsovie — et un livre — *Souvenirs obscurs d'un Juif polonais né en France* de Pierre Goldman — étaient pour beaucoup dans cette glorification du peuple juif de Pologne. André Kirschen m'a écouté avec attention. J'espère l'avoir convaincu. Car il m'a semblé que ce Juif roumain ne réclamait rien pour lui, « ni la gloire ni les larmes ». Ces héros-là sont des gens modestes, trop modestes. C'est pourquoi je voudrais lui remettre sous les yeux un passage de la lettre de Fernand Zalkinov qu'il m'a fait découvrir. Elle parle de lui et pour beaucoup d'autres… « Nous sommes des enfants, les uns et les autres. Nous n'avons jamais prétendu être des héros, il ne faut pas trop nous en demander. Nous avons demandé, comme dernière grâce, de mourir ensemble. »

14, rue de Paradis, Paris X^{e}

« Salut Blondinet ! Alors toujours aussi romantique ? » C'est par ces mots que l'inspecteur de la brigade spéciale chargé de son premier interrogatoire l'avait accueilli après son arrestation le 23 mars 1943. « Salut Blondinet ! » Oui, il était devant moi ce « Blondinet » dont j'avais noté le sobriquet, à côté de « Lenoir », de « Mouchette », car il me paraissait insolite pour un Juif, quand sur les organigrammes des filatures policières m'était apparu le nom de Boria Lerner, le grand-père fusillé de Baruch Lerner assassiné à Jérusalem.

« Blondinet, parce que j'étais blond et j'avais les yeux bleus, ce qui ne correspondait pas du tout aux clichés antisémites sur le type juif », m'expliqua, amusé, Roger Trugnan, qu'on m'avait conseillé d'aller voir sans que je sache bien sûr que ce « Blondinet » qui m'avait frappé, c'était lui. Et le « toujours aussi romantique ? ». Les policiers qui le suivaient ignoraient certes son nom mais savaient tout de ses faits et gestes. Au mois de mai, quand sur les marchés parisiens apparaissaient les premières cerises, « Blondinet » remontait la rue de la Roquette en direction de l'entrée principale du Père-Lachaise. Chemin faisant il achetait chez une marchande de quatre-saisons une poignée de ces fruits rouges qui incarnaient le printemps et la révolte et, tout près du mur des Fédérés consacré aux martyrs de la Commune, allait les déposer sur la tombe de Jean-Baptiste Clément, que sa chanson *Le Temps des cerises* avait rendu si célèbre.

Un pèlerinage que les argousins accrochés à ses basques devaient effectivement trouver bien romantique… Un pèlerinage qui sentait bon la France, mais d'une tout autre façon que celui de Chartres ou qu'un défilé militaire sur les Champs-Élysées. Un pèlerinage qui, aux yeux des jeunes Juifs des quartiers populaires de Paris, soudait un lien charnel entre eux et un pays qu'ils aimaient tant. Le seul lien qui vaille, le lien de la souffrance et de la mort. En effet, Jean-Baptiste Clément n'avait-il pas dédié *Le Temps des cerises* à une infirmière de la Commune, tombée sur une des dernières barricades de l'insurrection parisienne, rue de la Fontaine-au-Roi, dans le XIe arrondissement ? Les Juifs, paraît-il, n'aiment pas, ou ne comprennent pas, les paysages, les arbres centenaires, les vallées verdoyantes avec leurs maisons au toit de tuile rouge… C'est possible. Car jamais au cours de leurs longues errances ils n'eurent de paysages à eux. Les paysages étaient aux autres, à ceux qui les avaient modelés, et qui, de génération en génération, les avaient eus comme berceau. Leur restaient des textes et des tombes. C'est pourquoi rue de la Roquette, sur le pavé parisien, et dans le cimetière qui en signait la fin, « Blondinet » et tant d'autres étaient chez eux le temps d'une chanson qui leur faisait garder au cœur une « plaie ouverte ».

C'est par hasard que j'avais trouvé « Blondinet ». Mais ce n'est pas vraiment par hasard que j'avais rencontré Roger Trugnan. Un jour, j'avais reçu un appel téléphonique d'un très vieux monsieur, à l'accent yiddish prononcé, qui m'avait demandé si je voulais bien venir, au siège de l'UJRE, 14, rue de Paradis, parler du soulèvement du ghetto de Varsovie pour le soixantième anniversaire de l'événement. Un peu interloqué, j'avais fait mine de refuser arguant, sans aucune conviction d'ailleurs, de mes faibles compétences en la matière. Mais il était tout à fait inenvisageable que je refuse d'aller 14, rue de Paradis.

14, rue de Paradis ! Il n'y a pas de lieu, pas d'adresse qui, dans ma mémoire, soit parée d'autant de chaleur et de tendresse. Là, dans les années qui suivirent la Libération, s'était concentré tout ce qui restait de la MOI juive de l'avant-guerre et de l'Occupation. Là apparaissaient les vestiges vivants de ce qui avait sombré dans les flammes et les charniers de l'Est. Des milliers de Juifs parisiens, parlant yiddish et pour qui la Pologne, la Roumanie, la Hongrie, la Lituanie étaient encore à portée de souffle, passaient par là. Ils se réunissaient, se disputaient, pleuraient. Un dispensaire avec plein de médecins accueillait les enfants, orphelins ou non, qui avaient échappé aux trains de la mort. On y célébrait bien sûr les héros juifs de l'Affiche rouge, ceux du ghetto de Varsovie, mais aussi les fusillés de la Commune. On y organisait des patronages pour les enfants, des colonies de vacances pour les gamins.

Et on y chantait, chantait beaucoup. Surtout dans les colos et les patronages. *Le Chant des partisans juifs*, *L'Internationale* en yiddish. Mais aussi « Je suis le roi d'Espagne, j'aime les filles aux yeux noirs » qu'on enchaînait sans difficulté avec « C'est nous les canuts, nous sommes tous nus ». Et aussi « Nous libérons notre pays ; plus de prisons plus d'ennemis ; notre cher Turkménistan, tu refleuris, c'est le printemps », sans savoir autre chose — et cela suffisait — que ce mystérieux Turkménistan était situé en Union soviétique. Et aussi, *La Jeune Garde* qui faisait bon ménage avec *J'ai perdu le do de ma clarinette*. Et aussi « Boublitchki, boublitchki / Prenez mes boublitchki », une chanson venue de Russie qu'on pouvait continuer, sans aucun hiatus, avec « Le ciel est bleu, le ciel est bleu, réveille-toi », emblématique de la douce France. Et encore, autre paysage, désolé celui-là, le paysage des camps nazis avec *Le Chant des marais* où s'étendaient, « loin vers l'infini, des grands prés marécageux ». Et bien sûr *Bandiera Rossa*, *Colchiques dans les prés*, *Les Compagnons de la Marjolaine*, *Ne pleure pas Jeannette*, *Le Vieux Chalet*, *Plaine ô ma plaine*...

C'était comme un village, un *shtetl* refait à neuf, ravalé aux couleurs de la France avec dans le tricolore une forte dominante rouge. Un village qui administrait à tous ses habitants, et aussi aux voyageurs de passage, une potion magique au goût d'antan, donnant à tous l'illusion merveilleuse qu'un monde disparu à jamais était encore là. Moi j'étais tombé dedans quand j'étais petit... Mais pourquoi toutes ces chansons qui ne nous ont pas quittés alors qu'on en a oublié tant d'autres apprises plus tard ? C'est que nous n'avions rien d'autre. Il n'y avait pas chez nous de grands-parents qui nous auraient accueillis pour les vacances dans leur maison solognote ou bretonne. Pas de greniers où nous aurions pu fouiller et découvrir des trésors, des anciens exemplaires de *L'Illustration*, des albums des *Pieds Nickelés*, un cheval de bois à bascule, un fusil de chasse rouillé. Pas de vénérable bibliothèque d'où l'on aurait pu sortir les belles éditions reliées en rouge des livres de Jules Verne. Pas de cheminée avec ses chenets, ses tisonniers massifs et un bon gros chien sommeillant devant l'âtre. Pas de vase chinois de l'époque Ming, pillé à Pékin lors du sac du Palais d'Été, par un ancêtre dont le portrait en officier de marine aurait obligatoirement trôné dans le salon.

Non, nous n'avions rien. Rien de tout cela. Nos grands-parents et les quelques objets qui leur étaient familiers, et que nous ne connaissions pas, étaient devenus cendres dans le grand brasier où s'était consumé le peuple juif d'Europe. En guise de madeleine de Proust nous avions juste nos chansons. Nous les avons gardées. Voilà pourquoi je ne pouvais pas, vraiment pas refuser d'aller 14, rue de Paradis. D'ailleurs quand j'écris « je ne pouvais refuser », c'est, je m'en aperçois, une pure minauderie. Pas besoin de jouer les vierges effarouchées. Car bien sûr j'ai tremblé de joie et d'émotion quand on me l'a proposé. Il y avait là-bas pour m'attendre une trentaine de vieux et de très vieux Juifs. Et jamais de ma vie je ne me suis senti aussi honoré. J'ai eu, pour les articles que j'ai écrits dans les journaux, de nombreux lecteurs. J'en ai eu aussi (beaucoup moins, certes) pour mes livres. Mais rien de tout cela ne valait ces quelques dizaines d'hommes et de femmes qui avaient bien voulu m'accueillir. Le sel de la terre même quand il est desséché reste le sel de la terre…

Je leur ai donc parlé de l'insurrection du ghetto de Varsovie pour leur dire que cet événement était un événement merveilleux car, par la jeunesse et le courage des combattants, il nous permettait, au même titre que les martyrs de l'Affiche rouge, d'être fiers d'être juifs. Pour leur citer un texte d'Alina Margolis-Edelman qui se trouvait de l'autre côté du mur, du « bon côté », le côté aryen, avec des badauds polonais qui regardaient brûler le ghetto et ses habitants : « Ce que les passants disaient je ne le répéterai pas, je ne veux pas le répéter… » Et dans le même souffle elle avait ajouté : « C'est là, au pied de ce mur, que je me suis sentie véritablement juive pour la première fois de ma vie ; et j'ai su que pour toujours je resterais avec eux, les brûlés vivants, les étouffés, les gazés dans leurs abris, les massacrés. »

Et puis j'ai mêlé le nom de Mordechaï Anielewicz, le

jeune chef de l'insurrection, à ceux de Rayman, d'Elek, de Wajsbrot, à ceux d'autres fusillés des FTP-MOI pour répéter que nous étions en droit de nous dire qu'ils étaient des nôtres et que, oui, ils fondaient, eux et tant de centaines d'autres héros, la légitimité d'une fierté nationale juive. Et puis en les voyant devant moi, attentifs et méfiants car la plupart d'entre eux étaient soit communistes, soit communisants, je me suis emballé. Je leur ai dit à eux ce que je n'avais jamais dit à personne. Comme si je voulais leur communiquer, et à eux seulement, les miens, un peu d'une passion qui leur était assurément étrangère.

Je leur ai dit que je croyais à l'exceptionnalité du destin juif. Que je n'avais que mépris pour le reproche souvent fait aux Juifs, par certains Juifs aussi, de trop cultiver la mémoire de la souffrance juive. Je suis persuadé en effet que pour cultiver, comme on le fait dans un jardin, il faut remuer la terre, planter, arroser. Or nous, nous ne cultivons rien puisque chez nous ça pousse tout seul avec le sang versé par ceux qui nous tuent.

Je me suis laissé aller un peu plus (ce que je n'aurais bien sûr jamais fait devant des Juifs communautaires liés à Israël) pour rappeler que les Israéliens étaient eux aussi des Juifs et que c'est ainsi que les désignaient leurs voisins arabes, qui s'y connaissaient. J'ai ajouté que par hasard j'avais vu à la télévision un reportage qui m'avait ému puisqu'on y voyait des centaines de collégiennes et collégiens israéliens, rassemblés sur l'emplacement de l'ancien ghetto de Cracovie : ils chantaient *Le Chant des partisans juifs*. À l'évidence Cracovie, Varsovie, Kiev, Bucarest, c'était chez eux, d'une autre façon que Tel-Aviv, Jérusalem et Haïfa, mais chez eux quand même. Tout comme nous, moi qui parlais, eux qui m'écoutaient, nous savions que c'était chez nous. Et puisque je parlais d'Israël j'ai dit mon écœurement d'avoir lu dans la presse française, citant je ne sais quel journal arabe, que les combattants palestiniens de Jénine (où les soldats israéliens firent une cinquantaine de morts) étaient comparables aux insurgés du ghetto de Varsovie. J'aime le son du cristal et je ne suis pas hostile au verre. Mais pour rien au monde je n'avalerais l'épaisse bouillie mentale qui prétend que le verre et le cristal c'est la même chose.

Enfin, parce qu'il fallait bien que j'arrête de tourmenter ces hommes et ces femmes que j'aimais bien, j'ai évoqué la singularité irréductible du peuple juif. J'ai en effet la conviction absolue que, dans les années qui achevèrent le XIXe siècle et dans celles qui parcoururent une grande partie du XXe, il y eut un stupéfiant prodige. On vit alors un petit peuple dispersé et courbé par des siècles de persécutions et d'humiliations se redresser dans un élan prométhéen et donner à l'humanité, étonnée, plus de génies et de talents que celle-ci, peut-être, ne pouvait en supporter. Pour comprendre ce qui se passa alors avec le peuple juif il faut recourir à une image. Elle est dans *Macbeth* quand on vient annoncer au roi félon que le bois de Birnam est en marche vers le palais où le souverain écossais attend l'assaut des soldats anglais, dissimulés derrière des branches d'arbres. Charles Maurras, qui était un homme de grande culture et vouait aux Juifs une haine particulièrement tenace, fit appel à Shakespeare pour décrire « l'invasion juive » des temps modernes avec la phrase restée célèbre sur les ghettos qui s'étaient mis en marche, comme les arbres de la forêt de Birnam.

Eh bien oui, les ghettos s'étaient mis en marche ! Des dizaines de milliers d'hommes et de femmes en étaient sortis pour aller irriguer tous les mouvements révolutionnaires, communistes ou pas, de l'époque. Des dizaines de milliers d'autres prirent le chemin de la Palestine, préférant sauver les Juifs par la création d'un État plutôt que de sauver l'humanité dans l'espoir que celle-ci, régénérée par la révolution, oublierait que les Juifs étaient juifs. Un torrent tout aussi impétueux coula vers les universités, les journaux, la littérature, la philosophie, la peinture, la finance. On assista à une floraison incroyable de scientifiques, d'écrivains, de penseurs, d'hommes politiques, de chefs révolutionnaires, tous d'origine juive. Et ce miracle ne souffrit aucune exception : ce qui était vrai pour la France le fut aussi pour la Russie, l'Allemagne, les États-Unis ou la Pologne.

J'en avais terminé et, bien sûr, j'en avais trop dit. Quelqu'un, manifestement courroucé, se leva dans la salle et me lança que mon « nationalisme exacerbé » ne pouvait que favoriser le communautarisme. Un autre, encore plus indigné, m'assena que le « peuple juif n'existait pas » et qu'il ne se sentait rien de commun avec un falacha d'Éthiopie ou un Juif de l'Atlas. Le coup de grâce vint d'un homme d'une soixantaine d'années qui, outré sans doute par l'évocation de jeunes Israéliens chantant à Cracovie, déclara avec colère qu'il ne voulait pas que les cendres de ses parents morts à Auschwitz « servent d'alibi et de bouclier protecteur à un soldat de Tsahal qui interdit le passage à une ambulance transportant une Palestinienne sur le point d'accoucher ». Je me défendis, sans trop de conviction, alors qu'il m'eût été facile, je crois, d'avoir le dernier mot. Mais pas avec eux. Et en tout cas pas contre eux. Quelques personnes vinrent me consoler, m'assurant que ce que j'avais dit était beau, mais bien trop compliqué pour cette assistance. Je soupçonne quand même que d'être le fils de mon père n'était pas étranger à cette chaleureuse mansuétude.

On m'indiqua que je devais ma présence ici à Roger Trugnan, qui n'avait pu venir et qui avait insisté pour qu'on fasse appel à moi. Et comme on n'ignorait pas que je préparais un livre sur l'Affiche rouge, on me suggéra d'aller le voir et de voir aussi Paulette Sarcey. Tous deux avaient été arrêtés le 23 mars 1943 lors du coup de filet policier qui décima les rangs parisiens de la jeunesse communiste juive de la MOI. Tous deux étaient partis de Drancy pour Auschwitz avec quelques dizaines de leurs camarades, dont Henri Krasucki, le futur secrétaire général de la CGT. Tous deux avaient, comme leurs compagnons, chanté *La Marseillaise* au moment du départ et s'étaient fait violemment tabasser par les gendarmes mobiles qui, en d'autres temps, se seraient mis au garde-à-vous pour écouter l'hymne national mais qui s'étaient naturellement convertis au *Maréchal nous voilà !*. Et tous deux rentrèrent de déportation le 30 avril 1945 et — un bonheur n'arrive jamais seul — participèrent dès le lendemain au défilé du 1er Mai, faubourg Saint-Antoine. Comme avant, comme si la vie reprenait son cours habituel, celui des belles années rouges du Front populaire. Tous deux étaient restés communistes.

Je les ai rencontrés. Et ils m'ont entrouvert les portes d'un univers où la générosité et le courage étaient aussi naturels que, pour d'autres, bien se tenir à table. J'ai écouté Roger Trugnan me raconter ce qu'être « Blondinet » pouvait vouloir dire. Le journal clandestin des jeunesses de la section juive de la MOI, *En avant*, cherchant quelqu'un pour un article assassin sur Céline, c'est lui qui s'était proposé. Il était blond, avait les yeux bleus, et c'est protégé par cette apparence qu'il se rendit à l'Institut d'étude des questions juives, rue La Boétie, où l'on savait très bien reconnaître un Juif, pour s'y faire offrir un exemplaire de *Bagatelles pour un massacre* (on n'allait quand même pas acheter ça !). J'ai écouté Paulette Sarcey me parler du métier de son père, ouvrier piqueur de tiges, c'est-à-dire celui qui fabriquait le haut de la chaussure, tâche plus noble que celle du cordonnier chargé des semelles. Je l'ai écoutée me dire que sa mère était finisseuse et m'expliquer que c'était à peu près aussi chic qu'un piqueur sur tiges : une finisseuse faisait à la main tout ce dont la machine était incapable, les poignets, les boutonnières, les doublures. Et j'ai aimé qu'elle m'ait dit qu'il était inimaginable dans l'esprit de cette finisseuse et de ce piqueur sur tiges que leurs enfants n'atteignent pas un niveau supérieur au leur. De Roger Trugnan j'ai appris comment un jeune Juif communiste issu d'un milieu aussi modeste que Paulette Sarcey (un père ouvrier ébéniste, une mère couturière) pouvait s'initier à la grande musique. Le dimanche, aux places les moins chères, ils se retrouvaient tous, les jeunes clandestins, au Châtelet pour les concerts Colonne. On écoutait du Bach et du Wagner mais surtout on regardait autour de soi pour voir qui était là, qui n'était pas là, une absence signifiant presque toujours que la police française ou la Gestapo avaient réussi à capturer un camarade.

De Paulette Sarcey j'ai su ce que fut l'horreur du 16 juillet 1942 quand elle se rendit — jeune militante clandestine — rue Vaucouleurs à 5 heures du matin pour prévenir ses parents de l'imminence de la rafle qui fut connue sous le nom de celle du Vél'd'Hiv. Les policiers sortaient des immeubles des mères encore ensommeillées qui criaient, des enfants qui sanglotaient. « Le 16 juillet, je ne l'oublierai jamais ! » Roger Trugnan m'a expliqué comment avec deux copains du quartier, Marcel Rayman et Maurice Lubczanski, il forma le premier triangle clandestin de la jeunesse juive communiste du XIe arrondissement et comment ils recrutèrent les premiers militants, des amis du quartier, des jeunes Juifs qu'ils rencontraient au square de la rue Saint-Bernard. Il fut très étonné quand à son retour de déportation il apprit le destin tragique et héroïque de son ami Marcel Rayman (Trugnan avait été arrêté plusieurs mois avant lui) : « Je le trouvais un peu grassouillet et mou. C'est la lutte armée qui a dû le transfigurer. »

Ainsi, par-ci par-là, j'ai pioché ou picoré chez Paulette Sarcey et Roger Trugnan. Lui m'a donné en cadeau « Blondinet »... Elle m'a offert bien plus : des retrouvailles avec un mort à qui je devais d'écrire ce livre. Quand je lui ai dit que j'écrivais sur l'Affiche rouge à cause d'un jeune Israélien assassiné à Jérusalem, Baruch Lerner, elle m'a dit simplement : « Je le connaissais bien. » Peu de temps avant sa mort elle l'avait vu à Paris avec son père. Et Hadassa Tenennbaum, la femme de Boria Lerner, le grand-père fusillé, était une de ses amies de jeunesse et de la Résistance. Elle avait des photos des Lerner et elle voulait me les montrer. Par pudeur, ou plutôt par crainte de succomber à trop d'émotion et donc à trop de colère, j'ai dit non. La sachant communiste, et donc peu suspecte de sympathie pour Ariel Sharon, je lui ai demandé, juste pour voir sa réaction, si elle savait que Baruch Lerner était « de droite ». Elle m'a répondu : « Il n'était ni de droite ni de gauche, il était simplement israélien. »

Je n'ai jamais rien entendu de si juste.

1, rue des Immeubles-Industriels, Paris XIe

Lors des élections de 1936 qui donnèrent la victoire au Front populaire, le XIe arrondissement de Paris accorda ses trois sièges de députés à des communistes : Florimond Bonte, Georges Cogniot et Henri Lozeray. Quelques années plus tard, quand les occupants nazis demandèrent à la police française de leur livrer de quoi remplir les trains en partance pour Auschwitz, près de 13 000 Juifs, hommes, femmes et enfants du XIe arrondissement, prirent le chemin des chambres à gaz.

Ces deux faits inscrivent en lettres brûlantes les caractéristiques d'un quartier qui fut à la fois le plus rouge et le plus juif de Paris. C'est ce quartier qui donna à la France tant de fusillés des FTP-MOI, y compris les héros les plus emblématiques de l'Affiche rouge, tant de militants des Jeunesses communistes juives déportés ou assassinés et aussi tant d'enfants, des tout-petits, qui furent tués à l'âge où leurs copains de quartier jouaient aux billes ou à la marelle. C'est de ce quartier que partirent les plus beaux et les plus fervents défilés révolutionnaires cheminant de la Bastille à la République. C'est dans ce quartier que s'élevèrent les plus hautes barricades des insurrections qui jalonnèrent le XIXe siècle. Dans ce quartier que vécut (c'est un nom pris parmi tant d'autres) David Grinberg, dix-sept ans, élève au lycée Voltaire, qui, membre des FTP, fut condamné à mort par un tribunal français et guillotiné à la Santé le 8 août 1942.

De ce quartier toute vie s'en est allée. En apparence, certes, tout est là, tout est resté. Les stations de métro s'appellent toujours Chemin-Vert, Bastille, Ledru-Rollin, Boulets-Montreuil, Voltaire, Charonne, Père-Lachaise... Les rues portent encore les mêmes noms (sauf celle d'Angoulême devenue Jean-Pierre Timbaud en mémoire du leader cégétiste du syndicat des métallos fusillé comme otage à Châteaubriant en 1941), rue des Boulets, rue Basfroi, rue de la Folie-Méricourt, rue de la Roquette, rue du Faubourg-Saint-Antoine, rue des Immeubles-Industriels, rue Keller, rue des Taillandiers, rue Japy avec son tristement célèbre gymnase où l'on parqua les Juifs par milliers. Les immeubles non plus n'ont pas changé : les façades aux toutes petites fenêtres témoignent de ce que fut un quartier pauvre et populaire.

Pourtant de là toute vie s'en est allée. Ne reste plus que le décor. Comme dans un vieux théâtre abandonné sans les acteurs qui faisaient sa beauté et lui donnaient sa raison d'être. Du carton-pâte avec des figurants qui ne savent pas, ne peuvent pas jouer le répertoire des belles années disparues. Comme si une monstrueuse machine avait, telle une pompe aspirante, avalé tout ce qui vivait dans ces rues et ces maisons, prenant soin de laisser intacts murs et logements susceptibles de servir à d'autres. Non, il n'y a plus de vie ici. Et les immeubles, contrairement aux sépultures des cimetières où chaque tombe est porteuse de paroles, ne peuvent plus dire ce qui fut. On n'entend rien, on ne voit rien : il y a trop de bruit, trop de monde. Seul le silence des murs vides aurait permis d'imaginer et d'entendre. Restent les livres avec leurs images et leurs cartes postales. Et aussi des bribes de souvenirs glanés chez quelques-uns de ceux qui vécurent, très jeunes, dans ces années-là.

Si la vie a quitté les rues du XIe arrondissement, c'est que la mort les a frappées par deux fois. La mort naturelle qui — cela s'appelle, dit-on, « la rançon du progrès » — a fait disparaître toute une humanité populaire avec des hommes et des femmes qui avaient des vrais métiers et aimaient leur travail. Il n'y a plus dans le XIe de mosaïstes-doreurs, de polisseurs de glaces, d'imprimeurs sur étoffe, de vernisseurs sur métaux, d'argenteurs, de cadrilleurs de peaux, de finisseuses, de taillandiers, d'ouvriers ébénistes, de piqueurs sur tige, de fondeurs en fer. Disparues les cartonnières, les couturières, les marchandes de quatre-saisons. Évanouis les mécaniciens, les chaisiers, les tapissiers, les tourneurs et aussi les petits voyous qui allaient danser rue de Lappe avec leur surin dans la poche.

L'autre mort du XIe, c'est la mort violente des Juifs qui

y avaient élu domicile. C'était un monde très particulier mais pas à part puisqu'il vivait totalement immergé dans le monde populaire et français du quartier. Rien ne les séparait. Ils étaient tous à peu près pauvres. Ils fréquentaient les mêmes cafés, les mêmes bistros (ces Juifs-là n'étaient pas très casher). Leurs enfants allaient dans les mêmes écoles. Ils habitaient pareil, c'est-à-dire mal. Ils dansaient ensemble dans les bals de quartier le 14 juillet. Et, pour nombre d'entre eux, fréquentaient, de près ou de loin, le même parti, identifié au parti des pauvres et de l'espoir.

Ces Juifs-là savaient rêver et le rêve projeta sur eux une éblouissante et merveilleuse lumière. C'est ce rêve qui fit de beaucoup d'entre eux, notamment chez les plus jeunes, des géants de courage et de dignité prêts à défier le ciel. Une admirable vieille dame qui eut seize ans pendant les années noires m'a dit que quand elle était aux Jeunesses communistes elle chantait une très ancienne chanson yiddish : « Quand je regarde le ciel, je n'y vois pas Dieu. » Elle a ajouté qu'aujourd'hui elle avait envie d'y croire, de le voir, même si toute son intelligence et son éducation s'y opposent, « car alors le ciel paraît plus beau et la vie toujours pleine d'espoir ». Ce n'est bien sûr pas de Dieu qu'elle voulait parler. On retrouve la même musique dans une lettre qu'adressa à sa fille aînée Nadia le père de Louise Jacobson, une lycéenne du quartier (elle habitait rue des Boulets), sortie de l'anonymat par les lettres qu'elle laissa avant de prendre place le 3 août 1943 dans le convoi 48 à destination d'Auschwitz, où elle fut gazée immédiatement. « La souffrance actuelle nous prépare un avenir bien meilleur que notre passé. Nous subissons les douleurs d'un accouchement »...

Pour tuer ces gens-là il parut nécessaire aux autorités allemandes et à celles de Vichy de procéder par tranches. La France n'était pas la Pologne où l'on pouvait simplement abattre d'une balle dans la tête un enfant juif sous le regard des passants polonais. Le XIᵉ arrondissement fut passé par plusieurs tamis dans le souci de séparer les Français de ces Juifs qui leur ressemblaient tant. Tout d'abord Vichy promulgua un répugnant « statut des Juifs » que les Allemands rendirent plus visible encore avec l'obligation de porter l'étoile jaune. Puis on prit les hommes. Le 14 mai 1941, des milliers d'entre eux furent enfermés au gymnase Japy, première étape sur le chemin qui menait à Auschwitz. Une deuxième rafle, le 20 août 1941, ajouta 3 200 Juifs du XIᵉ à ceux qui les avaient précédés dans les camps de Pithiviers, Beaune-la-Rolande et Drancy. Enfin le 16 juillet 1942, lors de la grande rafle dite du Vél'd'Hiv, on ramassa au petit matin ceux qui avaient échappé aux premières arrestations : essentiellement des femmes et des enfants.

Ainsi périt une grande partie du monde juif du XIᵉ arrondissement, à l'exception notable de beaucoup de jeunes qui s'engagèrent dans la clandestinité et la lutte armée et qui purent, c'était un immense privilège, choisir leur mort : les pelotons d'exécution, la guillotine, la déportation. Comment vivaient-ils tous avant cet assassinat programmé ? Comment furent-ils de leur vivant ? En un mot comment les faire revivre l'espace de quelques instants ? Oui, les faire revivre car sinon les destins de Rayman, de Wajsbrot, d'Elek, des fusillés de l'Affiche rouge, de Zalkinov, le fusillé du procès du Palais-Bourbon, de David Grinberg, le plus jeune guillotiné de l'Occupation et de tant d'autres devenus des martyrs resteraient éternellement opaques et incompréhensibles. Sur des vieilles cartes postales sépia qui s'échelonnent des années 1900 aux années 1930, il y a des maisons et des hommes : il faut s'y promener pour tenter de voir. Sur des photos noir et blanc il y a des foules qui manifestent à la Bastille, à la République, au faubourg Saint-Antoine : c'est ce qu'il faut regarder pour essayer d'entendre. Et voilà ce qu'on peut y voir et entendre.

Dans les années qui précédèrent l'Occupation, il y eut dans le XIe arrondissement des rues juives, plus juives que d'autres. La rue Vaucouleurs vers Belleville. La rue Basfroi vers Voltaire. Le passage Thiéré, vers la Bastille, appelé à la fin du XIXe siècle « la petite Auvergne » avant que les Bougnats ne cèdent leur place aux Juifs grecs et turcs. La rue des Immeubles-Industriels vers la Nation… On y trouvait une population, pour l'essentiel d'origine polonaise, qui élevait ses enfants en mariant spontanément la France, le yiddish et le communisme. Quand les gosses n'allaient pas à l'école, c'est-à-dire le jeudi, et parfois le dimanche, ils couraient tous à la *tzugob-schul* (littéralement « école complémentaire ») où l'on apprenait à lire et à écrire le yiddish, et où Sholem Aleikhem venait compléter Émile Zola et Victor Hugo. « Ne pas y aller c'était une punition », m'a dit quelqu'un qui fréquenta ces cours. Il y avait des fêtes de bienfaisance et de solidarité organisées par les associations des originaires de Kielce, Lublin, Lodz, Bialystok ou de n'importe quelle autre ville polonaise, roumaine ou russe. Cela s'appelait faire *a blume* (une fleur) : c'est ce qu'on recevait, pour l'épingler sur sa robe ou la mettre à sa boutonnière, en échange d'une pièce ou d'un billet. Il fallait aider les siens, ses « pays », les vieillards, les enfants. Et on m'a dit que dans ces années-là, où il y eut aussi des étés torrides, aucun vieux Juif ni aucune vieille Juive ne mourut de la canicule alors même qu'ils habitaient des logements sans eau courante, sans électricité, exigus, avec des toilettes sur le palier pour tout l'étage, toujours sans salle de bains (on allait aux bains-douches). Ces gens-là s'aimaient les uns les autres.

La vie juive, c'était aussi le Yiddisher Arbeiter Sport Klub (Club de sport des ouvriers juifs) : on y allait en masse pour faire du sport, pour nager. C'était aussi le Parizer Yiddish Aktor Teater (Théâtre yiddish de Paris) : on y donnait des pièces et des spectacles en yiddish. C'était aussi la Kultur Lige (Ligue culturelle) où les ouvriers juifs allaient le soir, après avoir quitté leurs ateliers, écouter des conférences sur la littérature et la poésie. C'est là aussi, grande audace pour l'époque, qu'étaient donnés par un jeune médecin juif les premiers cours d'éducation sexuelle :

les jeunes filles pouffaient, rougissaient, mais étaient très fières d'être si en avance sur leurs copines françaises. Il y avait aussi, pour ceux qui étaient plus directement engagés dans l'action politique, des cafés comme celui du 5 de la rue Keller où les sections locales du PCF donnaient des fêtes et tenaient des réunions. Ou alors, faubourg Saint-Antoine, la section yiddish des métiers du bois de la CGTU, où les ouvriers ébénistes, leurs femmes, leurs enfants passaient sans cesse.

Chacune de ces rues était un village. Rue Sedaine et passage Thiéré se concentraient surtout des Juifs des Balkans. C'est à ce milieu qu'appartenaient Acher Semahya, ouvrier métallurgiste, secrétaire du groupe Roquette de la Jeunesse communiste, exécuté le 9 mars 1942, sa petite sœur Sarah, sa mère, disparues à Auschwitz. La plupart des autres rues étaient estampillées Europe de l'Est, Pologne surtout. Par exemple, la rue Basfroi avec son boulanger, Milgram, qui faisait du pain tressé, comme là-bas, et aussi des baguettes, comme ici. Il n'y a plus de boulanger Milgram, et rue Basfroi, au coin de l'avenue Ledru-Rollin, la boulangerie ne fait plus que des baguettes. Rien de tout cela ne reviendra, ne revivra plus.

Un jour j'ai rencontré quelqu'un qui le regrettait tout autant que moi mais d'une bien autre façon. C'était une femme d'un âge certain avec toute la robustesse et l'accent traînard de ceux et celles qui ont poussé sur le pavé parisien. Elle conduisait un taxi et je lui avais demandé de m'emmener place Saint-Georges. Elle refusa aussitôt:

« Ah non ! je ne vais pas là-bas ! » Surpris, car quand même il ne s'agissait ni de La Courneuve, ni d'Aubervilliers, ni de Sarcelles, je lui demandai pourquoi. « Comment, vous ne savez pas ? C'est la fête aux Juifs aujourd'hui et on barre plein de rues du quartier pour leur permettre d'aller à la synagogue de la rue de la Victoire ! » m'assena-t-elle, manifestement outrée de ce passe-droit qui « l'empêchait de travailler ». Je m'avisai que c'était effectivement jour de Kippour et entrepris de lui expliquer mollement que cela était dû aux craintes d'attentat, qu'il y en avait déjà eu, qu'il fallait comprendre... Sa colère ne retomba pas, elle continua à maugréer contre ces Juifs qui « exagéraient ». Pour que ça n'aille pas trop loin je lui précisai que j'en étais un. Elle ne se démonta pas pour autant, emportée par sa gouaille parisienne. Et j'eus droit à toute une série de « Vous qui êtes juif, vous allez peut-être pouvoir m'expliquer ».

Elle était née dans le faubourg Saint-Antoine et se souvenait manifestement très bien de son enfance. « Il y avait des Juifs dans notre quartier. Ils étaient comme nous, monsieur, ils allaient comme nous, comme nos parents, dans les bistros pour y boire un coup de rouge. Ils mangeaient comme nous : du cervelas, des rillettes (ce qui constituait à ses yeux, et à n'en pas douter, un brevet absolu de francité). C'était nos copains. On les aimait bien. » Je fus pris à témoin du fait qu'aujourd'hui les Juifs portaient des calottes, des chapeaux noirs, arboraient des barbes et avaient évidemment déserté les comptoirs où l'on servait des cochonnailles. « Vous qui êtes juif… » Non, je ne pouvais pas lui expliquer. D'ailleurs à quoi cela aurait-il servi puisqu'elle avait à sa façon toute simple, butée et bornée peut-être, raison. Le dernier « vous qui êtes juif » m'acheva. « Pouvez-vous m'expliquer pourquoi il y a tant de Juifs qui portent aujourd'hui une étoile autour du cou ? Alors que pendant l'Occupation on les a obligés — chose affreuse — à la porter pour que tout le monde les reconnaisse ! Vous y comprenez quelque chose ? » Heureusement le taxi était finalement arrivé place Saint-Georges. Et nous nous sommes quittés en bons termes. Car d'une certaine manière elle disait, elle aussi, adieu au XIe arrondissement.

Mais moi je ne peux pas le quitter si facilement. Il reste une rue, celle des Immeubles-Industriels, où il faut passer un peu de temps. Parce qu'au numéro 1 de cette rue figure une plaque attestant qu'ici vécurent Marcel Rayman et sa famille. Voilà ce que j'ai trouvé, dans une encyclopédie, sur cette rue qui a conservé toutes ses façades. « Cette rue est due à la rationalité de l'organisation industrielle du XIXe siècle : deux mille personnes travaillaient alors au rez-de-chaussée et au premier étage. En dessous, une puissante machine à vapeur fournissait l'énergie pour les deux cent trente ateliers individuels, en général occupés par des fabricants de meubles et des menuisiers. Ceux-ci logeaient dans les étages supérieurs, qui bénéficiaient de la distribution d'eau froide, d'eau chaude et du gaz, confort exceptionnel pour l'époque. L'architecture est sobre, qui se devait de refléter cette rationalité. Seules les colonnes en

fonte ouvragée et les briques des fenêtres viennent agrémenter les façades. (Architecte Émile Leménil, 1873.) »
C'est là donc, dans les années 1930 et 1940, qu'habitaient les Rayman. Une rue juive comme beaucoup d'autres. Sur quelques vieux registres jaunis et déchirés j'ai relevé quelques noms et aussi des professions. Un Mendel Davidson, un fabricant de lingerie, un ébéniste, une couturière, un Moïse Orloff et sa famille. Un tapissier, un marchand de quatre-saisons, une famille Bursztyn, un caoutchoutier. Des bains-douches au numéro 4. Un tailleur de cristaux et un repousseur sur métaux au numéro 7. Et aussi un sculpteur, un tourneur, une cartonnière.

C'est dans cette rue que se noua le premier acte du drame qui s'acheva par la chute des groupes armés parisiens des FTP-MOI : l'arrestation, le 23 mars 1943, d'une cinquantaine de militants des Jeunesses communistes juives dont Henri Krasucki, Paulette Sarcey, qui m'a tant parlé, et Henri Trugnan, alias « Blondinet » pour la police, qui m'a aussi tant dit. Au départ c'est quasiment une histoire de voisinage. Des jeunes de la rue des Immeubles-Industriels : Marcel Rayman, son frère Simon, les fils Lemberger, Jean, Serge, Norbert, et une toute jeune fille du nom de Lucienne Goldfarb. C'est elle, juive comme eux, qui demandera un jour à Marcel Rayman de la faire entrer dans la Résistance juive. Suivant les règles de la clandestinité, Rayman l'enverra à Henri Krasucki, responsable des Jeunesses communistes juives du XIe, pour qu'il décide. Le futur patron de la CGT, pas convaincu, l'adressera à

Adam Rayski, chef politique de la section juive de la MOI, qui gardera de ce rendez-vous la très désagréable impression d'avoir été filé par la police. Lucienne Goldfarb sera donc « recalée ». Mais la jeune fille, qui était déjà dans les mains de la police française, aura permis, de filatures en dénonciations, le coup de filet du 23 mars 1943.

Tout de suite après la guerre les survivants — ceux qui étaient revenus d'Auschwitz — cherchèrent à se venger. Henri Krasucki déposa une plainte contre elle : elle fut rejetée au prétexte que Lucienne Goldfarb était mineure au moment des faits. Il fut aussi question de la liquider purement et simplement : mais le PC était trop soucieux de légalité pour accepter. Un jour, boulevard de Sébastopol, deux jeunes de la rue des Immeubles-Industriels qui avaient survécu, Simon Rayman et Jean Lemberger, aperçurent « la donneuse ». Ils se jetèrent sur elle. La police, alertée, arriva sur les lieux et embarqua tout le monde. Après un coup de téléphone Lucienne Goldfarb fut relâchée au bout de quelques minutes. Simon Rayman et Jean Lemberger restèrent longtemps au commissariat et furent libérés avec cet avertissement : « N'y touchez plus, si jamais il lui arrivait quelque chose, on saurait où vous trouver. » Il n'arriva jamais rien à Lucienne Goldfarb qui, protégée par la police, entama une fructueuse carrière sur le marché des amours tarifées où elle donna du travail à beaucoup de jeunes femmes et du plaisir à beaucoup d'hommes.

Il ne lui arriva rien sinon que dans les années 1980 elle rencontra, dans l'exercice, peut-on supposer, de sa profession, l'écrivain Alphonse Boudard, dont la fascination pour les maisons closes était notoire. Il lui fit écrire (ou écrivit pour elle) un livre intitulé *La Rouquine*, édité par Balland, qui racontait ses intéressantes expériences dans le domaine de la prostitution. Alertés, quelques survivants des arrestations du 23 mars 1943 se réunirent. Ils n'avaient pas la mémoire courte. Est-ce Henri Krasucki qui appela André Balland, lui-même ancien des Jeunesses communistes ? Le fait est que le livre — chose rare — fut retiré de la vente et mis au pilon. André Balland était un honnête homme. On reparla de la « Rouquine » des années plus tard au moment de l'affaire Elf et des ennuis de Roland Dumas, que Lucienne Goldfarb connaissait bien. Son nom fut rapproché de celui de Christine Deviers-Joncour, « la putain de la République », qu'elle connaissait bien aussi. Il est vrai que quand on exerce le métier qui est le sien on finit toujours par connaître du beau linge. Depuis, Lucienne Goldfarb n'a plus fait parler d'elle. La rumeur dit simplement que dans le XVIIe arrondissement, rue du Débarcadère, au numéro 10 *bis*, curieusement orné comme au bon vieux temps d'une lanterne rouge, elle est propriétaire (entre autres) d'un hôtel très accueillant. La rue du Débarcadère donne sur la place Saint-Ferdinand où habitait Adam Rayski, qui la « recala » quand elle voulut entrer dans les FTP-MOI…

Voilà une des histoires de la rue des Immeubles-Industriels. Mais on m'a dit aussi de ne pas oublier une autre rue, la rue Keller qui relie la rue de la Roquette à la rue de Charonne. Il y a là-bas une école qui, comme toutes les écoles du XIe, porte une plaque avec les noms de ses élèves juifs gazés à Auschwitz. Mais celle-ci en compte plus que les autres : environ deux cents. Je suis allé voir. J'ai vu les noms et c'est un véritable crève-cœur. J'en ai relevé quelques-uns, comme ça au hasard, simplement pour les faire vivre ailleurs que sur la plaque. Henri, Moszek et Chaskel Szmurman, dix ans, quinze ans et quinze ans ; Samuel Amsterdamer, sept ans ; Samy Chloel, huit ans ; Isaac Cohen, huit ans ; Isaac et Léon Krebs, dix ans et treize ans ; Charles, Blanche et Rose Limonad, quinze ans, douze ans et dix ans ; Annette et Fanny Szwindler, dix ans et neuf ans ; Rosette Krzuk, dix ans ; Ginette Szajnfuks, dix ans ; Georgette Wajntrob, treize ans ; Marcelle Goldberg, onze ans… Il m'est apparu — mais je ne sais pas bien quoi en déduire — que beaucoup de garçons assassinés avaient des prénoms juifs alors quc les petites filles s'appelaient Georgette, Rosette, Ginette, comme toutes les petites Françaises de l'époque. J'ai vu aussi dans la liste des anciens élèves de l'école de la rue Keller qui furent déportés et ne sont pas revenus un nom qui m'était familier : celui de Germaine Trugnan, dix-huit ans. J'ai hésité avant d'appeler « Blondinet ». Finalement je l'ai fait.

Il m'a dit que c'était sa petite sœur…

Urbanstrasse 18, Stuttgart, Allemagne

Dans l'immense salle de l'abattoir où l'on pend les bœufs aux crochets pour être dépecés, il y avait maintenant suspendus, comme des bœufs, des cadavres d'hommes nus. Ils avaient été égorgés, mutilés. Sur chaque corps un morceau de papier avec les mots « viande casher »...

Des milliers de Juifs de Bucarest furent ainsi massacrés en 1941, lors d'un de ces pogroms dont la Roumanie était friande. Une « orgie de sang et d'eau bénite », selon l'expression d'un écrivain, puisque les tueurs avant de faire leur travail de boucher allaient s'agenouiller dans les églises pour y recevoir la bénédiction des prêtres. Une férocité bestiale qui glaçait le sang et qui avait été nourrie, conceptualisée par de nombreux idéologues roumains, universitaires et intellectuels, pour lesquels l'humanité chrétienne et les Juifs étaient engagés dans une lutte sans merci dont l'issue, attendue et désirée, devait être la disparition de la « race maudite ».

C'est Nae Ionesco, le maître à penser du nationalisme

et de l'antisémitisme roumains, qui donna sa forme la plus achevée à cette vision sombre et cruelle du destin final promis aux Juifs. Dans une préface qu'il fit en 1934 au livre d'un jeune et tourmenté auteur juif, Mihail Sebastian (de son vrai nom Iosif Hechter), qui entretenait avec lui de très complexes relations, il signa ces lignes qui, au même titre que les crochets de l'abattoir de Bucarest, glacent le sang. Il y était dit que les causes des souffrances juives résident « dans le Juif lui-même », que « le Juif est substantiellement malade », que « Judas doit souffrir », qu'Israël agonisera jusqu'à la fin des temps. Et cela se terminait par ces mots sans appel : « Toi, Iosif Hechter, tu es malade, tu ne trouves pas même place dans ta propre peau. Ne sens-tu pas, Iosif Hechter, le froid et les ténèbres qui t'entourent de toute part ? »

C'est de Roumanie, de cette Roumanie-là, que venait Golda Bancic, qu'on appelait le plus souvent Olga. Elle y était née le 10 mai 1912 dans la ville moldave de Kichinev. Ouvrière, militante syndicale, elle connut très tôt les prisons de son pays pour avoir manifesté ou animé une grève. Parfois, quand elle était frappée par la police, on la traitait de communiste parce qu'elle était juive… D'autres fois, dans les mêmes circonstances, on la traitait de Juive parce qu'elle était communiste… C'était ainsi en Roumanie. Olga Bancic n'avait que seize ans quand elle épousa un étudiant, juif et communiste comme elle, du nom d'Alexandre Jar. Elle passa quelque temps en

URSS, étape nécessaire pour les militants clandestins des pays de l'Est, en URSS où tout n'était pas rose mais où tout paraissait quand même mieux que dans une Roumanie lentement aspirée dans un sanglant tourbillon qui, de pogrom en pogrom, allait trouver son point d'orgue macabre dans les abattoirs de Bucarest. En 1938, en route pour l'Espagne républicaine qu'il fallait défendre contre les franquistes, elle débarqua à Paris avec Alexandre Jar. Et c'est là, cette même année, que naquit leur petite fille, Dolorès, comme Dolorès Ibarruri, la Pasionaria du PC espagnol dont les discours enflammés galvanisaient les volontaires qui défendaient Madrid contre les fascistes.

L'itinéraire d'Olga Bancic est en tout point identique aux chemins empruntés par la plupart de ceux qui figurèrent sur l'Affiche rouge. Elle était d'origine roumaine comme Boria Lerner, exécuté en octobre 1943, comme le petit André Kirschen, du procès de la Maison de la chimie. Elle était juive comme la majorité des combattants FTP-MOI. Elle était femme comme Simone Schloss, décapitée à Cologne le 17 juillet 1942. Elle était communiste, bien sûr, comme tous l'étaient. Elle fut jugée avec Manouchian, Boczor, Rayman et les autres le 19 février 1944 et condamnée à mort comme tous le furent, car elle avait non seulement porté des armes mais s'en était servie pour tuer. Olga Bancic, arrêtée le 16 novembre 1943 lors d'un rendez-vous avec Marcel Rayman, fait donc partie des vingt-trois. Or ils ne furent que vingt-deux à être fusillés au mont Valérien. Elle, la vingt-troisième, connaîtra un autre sort. Une tragédie à l'intérieur de cette tragédie que constitue la mort de Manouchian et de ses camarades.

Car si Olga Bancic avait tout en commun avec les martyrs de l'Affiche rouge, elle était une femme. Et les Allemands n'exécutaient pas de femmes en France. À leur égard, le manuel de droit criminel de la Wehrmacht prévoyait d'autres modalités de mise à mort. Le paragraphe 3 de ce manuel qui concerne les « activités de franc-tireur » est d'une précision toute militaire, définissant le franc-tireur comme quelqu'un qui porte des armes mais n'a pas de signes distinctifs (uniforme, etc.) attestant qu'il fait partie d'une armée régulière. Le paragraphe 103 est aussi précis s'agissant de l'exécution d'un verdict pour ce type d'activités : « Les malades mentaux et les femmes enceintes ne peuvent être condamnés à mort ; le jour même du verdict, le juge fixe l'heure de l'exécution qu'il communique aux personnes concernées mais pas au condamné ; l'exécution des hommes se fait par fusillade mais les femmes doivent être décapitées. »

Voilà ce qui attendait Olga Bancic, condamnée en même temps que ses vingt-deux camarades mais à qui fut refusée « la grâce de mourir ensemble » au mont Valérien. À cette époque les femmes, certaines d'entre elles en tout cas, se battaient comme les hommes. S'engager dans les FTP-MOI signifiait pour elles, comme pour leurs camarades masculins, se donner le droit de mourir à sa guise. Olga Bancic avait fait ce choix. Et il ne lui serait jamais venu à l'idée de revendiquer une quelconque particularité féminine : le communisme auquel elle croyait devait dans son grand élan rédempteur effacer et résoudre tous les problèmes singuliers, ceux des Juifs et ceux des femmes, avec ceux des pauvres et ceux de l'humanité tout entière. Mais aux yeux des nazis elle n'était qu'une femme et donc pas l'égale de ses compagnons de combat. Pour eux, le peloton d'exécution, ce qui, au regard des règlements de la Wehrmacht, constituait une façon « noble » de mourir. Pour elle, la décapitation, cruelle et supposée infamante, le châtiment déshonorant réservé aux traîtres et aux adversaires allemands du régime hitlérien.

Mais pourquoi s'intéresser tant au destin de cette jeune Juive roumaine plutôt qu'à celui de Rayman ou de Wajsbrot ? Parce que c'était une femme et que l'exécution d'une femme révolte plus que celle d'un homme ? Parce que le cou d'une femme nous paraît plus doux et plus fragile que celui d'un homme ? Parce que comme Boria Lerner qui avait laissé derrière lui un enfant, le petit Daniel, Olga Bancic était la mère d'une petite Dolorès ? Parce que le verbe « décapiter » avec la lame qui détache la tête du reste du corps, tout comme le faisaient les bouchers que l'on vit à l'œuvre dans les abattoirs de Bucarest, contient dans son énoncé une dose particulière d'horreur que n'a pas le peloton d'exécution ? Un peu de tout cela sans doute, mais surtout parce qu'Olga Bancic meurt seule. Personne à qui dire sa détresse, son désespoir pour Dolorès, sa peur aussi. Personne pour évoquer les combats passés, les ennemis tués, les camarades déjà tombés. Personne pour chanter *L'Internationale* ou *La Marseillaise*. Personne pour échanger un regard qui donnerait non pas du courage — ce mot n'a guère de sens dans la cellule d'un condamné à mort —, mais un peu de bonheur, celui d'être encore ensemble, de savoir que l'autre va mourir aussi, ce qui empêche peut-être de trop penser à sa propre mort. Personne, pas même le soldat du peloton d'exécution, à qui crier : « Imbéciles, c'est pour vous que je meure ! » ou : « Vive le Parti communiste allemand ! » D'ailleurs peut-on crier quoi que ce soit quand on est couché sur l'échafaud, la tête enfermée dans une lunette en bois alors que le couperet va s'abattre…

Condamnée le 19 février 1944, Olga Bancic souffrira pendant trois mois puisque c'est le 10 mai de la même année, le jour de son anniversaire, qu'elle fut décapitée : ses vingt-deux camarades exécutés le 21 février n'avaient eu à attendre la mort que quarante-huit heures… Ces jours, ces nuits, ces semaines, ces mois restent plongés dans les ténèbres. Nul ne sait comment agonisa et mourut Olga Bancic. Certes, on peut toujours essayer d'imaginer. C'est ce que fit Philippe Ganier-Raymond dans son *Affiche rouge*, un livre que j'ai parcouru à la recherche de quelques miettes de vie de cette jeune Juive de Kichinev. Il la décrivait dans sa cellule de la prison de Stuttgart où, selon lui, elle était arrivée le 20 mars, une cellule où la lumière ne s'éteignait jamais, où, toutes les heures, un gardien venait regarder par le judas et lui apportait alcool et cigarettes à volonté. Elle en fit la remarque au gardien, qui lui répondit : « Mais vous êtes condamnée à mort ! » Olga Bancic rappela, toujours selon le même auteur, qu'on lui avait promis la grâce. « Vous savez, il n'y a jamais de grâce pour les Juifs et les communistes. » Puis, vers la fin du mois d'avril, un « gros homme myope » entra dans sa cellule et lui dit : « Je suis votre avocat et je suis chargé de vous annoncer que votre exécution aura lieu le 10 mai. Je suis désolé. »

Mon but ici n'est pas d'accabler ce pauvre Philippe Ganier-Raymond. Les historiens qui se retranchent derrière les faits, les textes et les témoignages seraient peut-être fondés à le faire. Cependant il peut arriver parfois qu'un écrivain, emporté par le souffle de sa passion, atteigne la vérité sublime qui est hors de portée des meilleurs historiens. Mais il faut que ce soit un grand écrivain. Et c'est chez Victor Hugo dans *Le Dernier Jour d'un condamné* que se trouvent les mots qu'il faut pour parler de la souffrance d'Olga Bancic.

« Ils disent que ce n'est rien, qu'on ne souffre pas, que c'est une fin douce, que la mort de cette façon est bien simplifiée. Eh ! qu'est-ce donc que cette agonie de six semaines et ce râle de tout un jour ? Qu'est-ce que les angoisses de cette journée irréparable, qui s'écoule si lentement et si vite ? [...] Et puis, on ne souffre pas, en sont-ils sûrs ? Qui le leur a dit ? Conte-t-on que jamais une tête coupée se soit dressée sanglante au bord du panier, et qu'elle ait crié au peuple : cela ne fait pas de mal ! »

J'ai quand même gratté ce qui restait des murs de la

prison de Stuttgart pour tenter de me rapprocher d'Olga Bancic. Le dernier souffle de vie qui nous soit parvenu d'elle, à l'exception de la lettre qu'on lui permit d'écrire à Dolorès la veille de son exécution, remonte au 17 novembre 1943, quand le jeune Simon Rayman fut, après son arrestation, amené par les inspecteurs de la brigade spéciale à la Préfecture de police. Là, en passant devant un bureau, il vit son frère Marcel, assis la tête penchée en avant, les mains et les pieds enchaînés. Il croisa aussi Celestino Alfonso, un autre des vingt-trois. Et dans la salle où il attendait d'être interrogé les policiers ramenèrent une jeune femme qui pouvait à peine marcher (les hommes de la brigade spéciale torturaient aussi bien que la Gestapo). Des heures durant il l'entendit sangloter. C'était Olga Bancic. Après, c'est la nuit, le brouillard. Restait à fouiller les entrailles de la prison de Stuttgart, 18 Urbanstrasse, détruite en septembre 1944 par un bombardement allié. Sur Olga Bancic elles livrent quelques bribes consignées dans les registres de la prison ou dans les dossiers d'état civil de la ville.

C'est le 9 mai, la veille de son exécution, que la condamnée à mort fut transférée de la prison de Karlsruhe à celle de Stuttgart. Là, elle écrivit à sa fille : « Mon amour, ne pleure pas, ta mère ne pleure pas non plus. Sois fière de ta mère, mon petit amour. » Les registres où sont notés les décès indiquent qu'elle a été exécutée (*hingerichtet*) à 5 heures du matin le 10 mai 1944. Et cela en application du jugement du « Kommandant von Gross-Paris, Abteilung B » (la chambre pour les affaires terroristes) rendu le 19 février : tous les noms des vingt-trois figurent sur ce document ; Olga Bancic est vingt et unième sur la liste qui commence par Manouchian. C'est tout ce qui existe concernant directement la jeune combattante des FTP-MOI. Mais sur sa dernière demeure, la prison de Stuttgart, et sur ceux qui l'occupèrent avant elle, en même temps qu'elle et après elle, les détails ne manquent pas. Sa dernière demeure, parce que, n'ayant pas été exécutée en France, Olga Bancic n'a pas eu droit à une sépulture qui lui aurait permis de voisiner avec la plupart de ses camarades à la 39e division, avenue de l'Est au cimetière parisien d'Ivry : juste une petite plaque commémorative sur un mur.

Les lieux donc. On sait que les exécutions se déroulaient dans la cour nord de l'établissement pénitentiaire. Un couloir sous-terrain dit « couloir de la mort », très faiblement éclairé et constitué de briques rouges, permettait d'y accéder. Selon le rapport d'un avocat nazi qui se rendit sur place, la justice du Fürher n'avait rien de barbare. « La guillotine [*das Fallbeil*, littéralement "la hache qui tombe"] se trouve dans une pièce qui donne sur la cour nord. » L'engin, précisait-il, était amené la veille sur les lieux de l'exécution. Deux personnes le surveillaient pendant la nuit et il fallait une heure trente pour que la *Fallbeil* soit montée. Ne restait plus au bourreau qu'à enlever la bâche qui la recouvrait et à commencer sa besogne. « L'endroit est propre, net, bien sous tous rapports », ajoutait l'avocat avant de conclure : « C'est une façon humaine de procéder. »

Une guillotine ? Depuis toujours, il est vrai, on décapitait à la hache en Allemagne avec un bourreau très correctement habillé d'une redingote noire, d'un chapeau haut-de-forme et qui, pour empoigner son outil, portait des gants blancs. Il en fut encore ainsi pendant les premières années du régime hitlérien. Mais très vite les autorités nazies s'aperçurent qu'il y avait trop de têtes à couper et que des bras humains ne pouvaient suffire à accomplir la tâche. En effet, les chiffres sont effroyables : pendant la courte vie (douze ans) du IIIe Reich, les tribunaux civils et militaires prononcèrent 41 000 condamnations à mort (à titre de comparaison il y eut de 1907 à 1937, 393 exécutions capitales) ! D'où la nécessité de la guillotine sur laquelle périt Olga Bancic. Le bourreau, celui qui officia pour elle au petit matin du 10 mai 1944, s'appelait Riehart. Il habitait Munich et « desservait », outre celle de sa ville de résidence, les prisons de Dresde, Weimar, Bruchsal, Vienne et Stuttgart. Un homme très occupé — le travail ne manquait pas en ces années-là — qui fut amené pour ses nombreux déplacements en voiture à demander au ministère des Transports une autorisation officielle lui permettant de dépasser la vitesse autorisée. L'Allemagne était, on ne le dira jamais assez, un pays d'ordre, respectueux des lois… Riehart touchait pour son travail des émoluments de 3 000 Reichsmark (RM) par an, augmentés d'une prime de 60 RM par tête coupée. Or rien que pour la prison de Stuttgart on compta du 26 mars 1942 au 24 août 1944 375 exécutions, pas toutes il est vrai à la guillotine puisqu'on fusillait aussi.

La liste des exécutés de la prison de Stuttgart où figure le nom d'Olga Bancic est très longue. La plupart des motifs de condamnation qu'on y trouve portent les mentions « ennemi du peuple », « trahison », « désertion », « destruction de matériel militaire », « collaboration avec l'ennemi ». À regarder cette liste de près, on voit que la mort certains jours exigeait des rations de chair plus abondantes. Ainsi, le 1er juin 1944, entre 5 heures et 6 h 45 du matin, trente-quatre personnes sont exécutées dans la cour nord. Deux Allemands, « des traîtres qui ont déshonoré leur pays ». Quinze Tchèques et quatre Alsaciens pour « résistance anti-allemande ». Huit autres Allemands accusés d'avoir critiqué le Führer. Et, enfin, cinq déserteurs de la Wehrmacht. Le 15 septembre, treize membres du groupe de résistance antinazie de Georg Lechleiter sont décapités. L'un deux, Robert Schmoll, qui avait, crime capital, « retranscrit des émissions de radio étrangères », laissera une lettre destinée à sa femme : « N'aie pas honte. Je n'ai rien fait, rien volé, ni fait de mal à personne. Demain matin je vais quitter la vie et je la quitte pour mes idées. »

Des flots de sang allemand coulèrent dans la cour nord de la prison de Stuttgart. S'y est mêlé le sang juif d'Olga Bancic. Il était à sa place. Tout comme était à sa place au mont Valérien le sang allemand de Carlo Schoenhaar, dix-sept ans, qui avant de mourir fusillé avec ses camarades juifs et français écrira à sa mère une lettre qui commençait par ces mots : « *Meine liebe Mama* ».

37, rue Saint-Ferdinand, Paris XVIIe

J'ai fait un si beau voyage.

Il y a dedans ce que j'ai vu, ce qu'on m'a raconté, ce que je me suis raconté, ce que j'ai lu, ce que j'ai pensé : tout est vrai.

Je suis allé dans un cimetière de Jérusalem pour les obsèques d'un jeune Juif tué dans un attentat, puis j'ai remonté le temps jusqu'aux années 1940 pour voir d'autres Juifs pendus aux crochets pour bestiaux de l'abattoir de Bucarest. J'ai regardé de près les tombes du cimetière parisien d'Ivry, je les ai écoutées murmurer des noms de Juifs fusillés pour des attentats qui ne tuaient que des soldats allemands ou des policiers de Vichy : « Je m'appelle Boria Lerner, je m'appelle Marcel Rayman, je m'appelle Wolf Wajsbrot, je m'appelle Moysze Fingercweig… » J'ai assisté en 1942 au procès de la Maison de la chimie et j'y ai vu André Kirschen, quinze ans et demi, prendre le revolver qu'on lui mettait dans les mains pour montrer aux officiers allemands installés dans la salle d'audience ce qu'était un petit terroriste.

Je me suis posté à la sortie de ce tribunal et j'ai croisé le regard d'un autre jeune condamné à mort qui tirait la langue à la caméra allemande qui le filmait. Je suis allé au Palais-Bourbon pour un autre procès et j'y ai rencontré Fernand Zalkinov qui, avant de partir pour le mont Valérien, écrivit : « Nous sommes des enfants. » Rue de la Roquette, j'ai aperçu « Blondinet » montant vers le Père-Lachaise avec la poignée de cerises qu'il allait déposer sur la tombe de Jean-Baptiste Clément. J'ai marché des heures durant dans le XIe arrondissement pour y retrouver les traces d'une vie juive effacée par les chambres à gaz et les exécutions : dans l'école de la rue Keller il y avait deux cents gamins juifs, leurs noms sont là, eux n'y sont plus. À la sortie du lycée Voltaire, avenue de la République, j'ai rencontré David Grinberg, dix-sept ans, qui allait bientôt être guillotiné par Vichy. Je me suis rendu 14, rue de Paradis, dans le Xe, pour parler du ghetto de Varsovie à des vieux Juifs, toujours communistes, et je me suis fait copieusement engueuler — mais à eux je permets tout — pour avoir revendiqué une « fierté nationale juive ». J'ai fait des centaines de kilomètres pour me rendre à Stuttgart et voir la guillotine qui trancha la tête d'Olga Bancic, une des vingt-trois de l'Affiche rouge. J'ai arpenté les allées du cimetière de Bagneux avec Gilbert Weissberg, un ancien des FTP-MOI, au milieu de tombes taguées de « sale Juif », « fils de pute ». À 5 heures du matin le 16 juillet 1942, j'étais rue Vaucouleurs avec Paulette Sarcey et j'ai entendu les cris et les pleurs des femmes et des enfants juifs que des policiers français jetaient dans les cars.

Je suis passé par la Pologne d'où venaient tant de martyrs des FTP-MOI et à Cracovie, sur une place, j'ai reconnu la mélodie du *Chant des partisans juifs* chanté par de jeunes Israéliens. De là j'ai poursuivi jusqu'à Budapest, où la mère de Thomas Elek, lui aussi de l'Affiche rouge, m'a dit et redit que son fils était si beau, qu'il plaisait tant aux filles. Puis de retour en France j'ai entendu à la Cartoucherie de Vincennes le son de l'accordéon russe et la voix d'une jeune fille, Olga Potemkine, qui chantait ce que chantaient tous les jeunes Juifs communistes des années 1930. Je me suis rendu dans une banlieue où l'on m'a fait connaître un type formidable du nom de Serge Lask qui voyageait gratuitement sur tous les trains de France et de Navarre, refusant de payer son billet tant que la SNCF ne lui aurait pas remboursé l'aller simple Paris-Auschwitz qu'elle avait « offert », dans les années 1940, à sa mère.

Je suis allé sur l'île de la Cité au Palais de justice avec Pierre Goldman, qui aimait tant les combattants des FTP-MOI et les héros du ghetto de Varsovie. J'ai arpenté le faubourg Saint-Antoine pour admirer le travail des ébénistes juifs et les suivre, après le boulot, à la Kultur Lige pour y voir des pièces de théâtre en yiddish et assister à des conférences sur la littérature et la poésie. Je suis passé dans le IIIe arrondissement et, dans un atelier de confection, il y avait un vieux Juif qui en son temps avait lancé bombes et grenades : il sanglotait parlant des enfants, des petits que les nazis avaient tués. Je suis allé partout. J'ai tout noté et je n'ai rien oublié. Je suis allé partout sans autre guide que celui des sentiers juifs de la mort et du courage qui s'étendent vers l'infini.

Je suis allé partout. Ou presque. Et à la fin seulement, et non sans hésiter, 37, rue Saint-Ferdinand. C'est là qu'habitait mon père, qui pendant les années de sang fut le chef politique de la section juive de la MOI et qui avait connu la plupart des morts qui ont jalonné mon voyage. Je lui ai annoncé que je terminais un livre à propos de l'Affiche rouge. Il m'a dit : « Tu sais, dès qu'on touche à ce sujet, on évoque toujours le courage et l'héroïsme. Mais pourquoi ne prononce-t-on jamais les mots "souffrance" et "désespoir" ? C'est ce que nous ressentions quand nous apprenions qu'un camarade avait été fusillé, guillotiné ou torturé à mort. »

C'est chose dite maintenant.

REMERCIEMENTS

Je remercie le professeur Alrich Meyer, Paulette Sarcey, Roger Trugnan, André Kirschen, Jean Lescot et Frank Cassenti pour tout ce qu'ils m'ont dit.

Je remercie Adam Rayski d'avoir été ce qu'il a été.

Je remercie tous les Juifs qui sont morts fusillés, guillotinés, massacrés et torturés, de m'avoir donné la fierté d'appartenir au même peuple qu'eux.

Table

Composition Ütibi
Achevé d'imprimer
sur Roto-Page
par l'Imprimerie Floch
à Mayenne, le 17 août 2009.
Dépôt légal : août 2009.
Numéro d'imprimeur : 74380.

ISBN : 978-2-207-26116-3 / Imprimé en France.

165448